푸드리스크 매니지먼트

푸드 리스크 매니지먼트

푸드산업 종사자라면 꼭 알아야 할 식품 안전과 위기 대응

박성진 지음

예미

머리말

"고객은 왕이다"라는 말을 충분히 이해했다고 생각했습니다. 하지만 고객 클레임 전화를 직접 받아보고 나서야 '많이 부족했다'는 걸 실감했을 때부터 시작된 고민들이 이 책을 쓰게 된 동기가 되었습니다.

분식점 자영업자에서 배추를 기르는 농부, 대기업에 이르기까지 식품을 다루는 모든 이들은 항상 위기 상황에 놓여 있습니다. 이는 식품산업 자체가 사람의 생명과 직결되는 특성상, 본질적으로 높은 리스크를 안고 있기 때문입니다.

그 첫째 이유가 서문에서 다룰 "음식은 위험할 수 있다"라는 인간의 유전학적 · 진화적 관점입니다. 따라서 음식의 위험성을 전제로 하는 소비자의 감성을 이해해야 합니다.

둘째, "완전한 식품 안전이 가능한가?" 결론은 애석하게도 불확실합니다. 음식의 재료는 땅에서 재배되는데, 토양이 얼마나 오염되었는지? 어떤 농약을 어떻게 사용했는지? 운송 과정과 원료 가공 과정은 위생적이었으며, 필요한 모든 검사는 기준과 규격이 준수되었는지? 그리고 서문에서 강조한 분석 기술의 발전 속도를 감당할 수 있는 관리 체계를 갖추고 있는지? …… 어쩌면 첫째 이유보다 더 답답하고 막막해집니다.

셋째, 식품과 음식 문제는 '문화적 바탕에 기인'합니다. 식품과 음식은 단순한 영양 공급원이 아니라 문화적, 사회적, 역사적 요소가 결합된 복합적인 개념으로 이해되어야 합니다. 전통적인 식습관, 종교적 특성, 개념의 차이가 서로 다른 문화와 식품 기준 규격을 만들었습니다. 그래서 세계가 하나 된 글로벌 시장에서 모두를 충족하기란 어렵고 까다롭습니다.

그렇다면 이 책은 앞에서 말한 문제들에 대한 정답을 가지고 있는가? 대답은 독자님들의 판단에 맡겨야 하겠습니다. 다만, 제 생각에는 특정한 상황이라면 정답에 근접할 수도 있겠으나 전체적인 측면에서 정답은 원래 없다는 것이 이 책의 논지입니다.

책의 내용은 서문과 Part A, B, C로 구성했습니다. 서문에서는 앞에 말씀드린 첫 번째 이유를 밝힐 것입니다. 처음 대했던 고객의 클레임 전화는 공포스럽기까지 했습니다. 그러면서 소비자의 심리에 대해 여러 선생님들을 찾아다니며 맡겨놓은 물건 내놓으란 듯이 물어보고 의문을 풀어간 내용들입니다.

다음 Part A '리스크 매니지먼트'에서는 식품기업의 리스크 개요와 위기 대응 매뉴얼, 우수 사례, 식품접객업의 법적 준수사항을 기술했고, 이 책의 핵심 내용이라 할 수 있는 '리스크 커뮤니케이션' Part B는 커뮤니케이션의 다양한 이해와 리스크 커뮤니케이션의 특성, 목적 및 중요성을 바탕으로 한 이해관계자와의 대응 전략과 언론 모니터링, 외부 협력 등의 비상상황 대응 등을 설명했으며, 고객상담팀의 직원 채용부터 운영에 관한 사항들을 자세히 소개했습니다. 또한 음식점에서 일어날 수 있는 고객불만 대응 방법에 대해서도 알기 쉽게 정리하였습니다. Part C '리스크 리빌딩'은 위기 수습 후의 대응 전략으로, 사고 예방 체계 구축에 관한 내용입니다. 사고 수습 후 손상된 신뢰 회복에 대해 기술하였고, 리빌딩 투자 우선순위, 위기 대응과 관련된 부서별 기능과 역할 재정비, 위험 예지 시스템의 필요성과 사례를 소개했으며, '농약성분 초과 수입 원재료 사용'이라는 실제 상황을 가지고 위기 대응 모의훈련을 학습할 수 있게 했습니다.

고백하건대 책의 출판을 수없이 고민했습니다. 공부하고 깊이 들어갈수록 정답이 없고, 한 권의 책으로 만들기 어려운 범위와 다양한 지식이 동원되어야 가능한 것이라는 것을 알았기 때문입니다. 이제 막 걸음마를 시작한 손주가 금세 안정적인 자세를 잡았고, "곧 뛰어 놀겠구나"라는 생각이 큰 깨달음으로 다가왔습니다. 이제 저도 걸음마를 시작한 것이고, 앞으로 좀 더 고민하고 공부하면 더 좋은 내용으로 발전할 수 있겠다는 자신감을 얻어 지금보다 더 나은 내일을 꿈꾸며 용기 있게 출간을 결심했습니다.

　앞으로도 지금까지 해왔던 것처럼 업계, 학계, 관계 소비자 관련 고수님들을 모시고 식품업에 종사하시는 여러분들의 고민을 함께하는 파트너가 되고자 합니다. 감사합니다.

2025년 5월

박성진

차례

머리말 ──────────────────────── 4

서문 | '식품 리스크', 그리고 우리의 책임 ──────── 10

- 여기서 잠깐! : '음식'과 '식품'은 같은 말일까? ──────── 27
- 나의 직장생활 : 고민하고 소통하며 배울 수 있었던 시간 ──── 29

Part A
리스크 매니지먼트 (Risk Management)

1. 리스크 매니지먼트의 이해 ──────────────── 34
2. 위기(Risk), 위험(Crisis), 위협(Threat) ──────────── 41
3. 식품기업의 리스크 개요 ──────────────── 46
4. 리스크 매니지먼트 프로세스 ──────────────── 65
5. 위기 대응 매뉴얼 ──────────────────── 76
6. 위기 대응 우수 사례 ─────────────────── 81
7. 대기업과 중소기업의 리스크 관리 ─────────── 90
8. 식품접객업의 법적 준수 사항 ─────────────── 96

- 여기서 잠깐! : 가공식품은 왜, 어떻게 만들어지게 되었을까? ── 101
- 나의 직장생활 : 라면은 나의 힘 ──────────── 103

Part B
리스크 커뮤니케이션(Risk Communication)

1. 커뮤니케이션의 이해 —————————————— **108**
2. 리스크 커뮤니케이션의 이해 ————————— **127**
3. 리스크 커뮤니케이션 이해관계자와 대응 전략 ——— **135**
4. 언론 모니터링 ——————————————— **142**
5. 외부 협력 등 비상상황 대응 가이드 ——————— **146**
6. 고객상담팀 운영 —————————————— **151**
7. 이슈 대응 메시지 작성 ———————————— **190**
8. 소비자 클레임 처리 ————————————— **197**
9. 전문가 자문 ———————————————— **216**
10. 음식점 고객불만 대응 커뮤니케이션 ——————— **227**

- 여기서 잠깐! : 식품 안전은 언제부터 시작되었을까? ——— **237**
- 나의 직장생활 : 직장생활의 아쉬운 점들... ——————— **239**

Part C
리스크 리빌딩(Risk Rebuilding)

1. 리스크 리빌딩의 이해 ———————————— **244**
2. 리빌딩 프로세스 —————————————— **249**
3. 리빌딩의 주체와 그들의 역할 ————————— **252**
4. 리빌딩 투자의 우선순위 ——————————— **258**
5. 위기 대응의 종료 시점 확인 ————————— **262**
6. 위험 예지 시스템 —————————————— **265**
7. 위기 대응 모의훈련 ————————————— **274**

- 여기서 잠깐! : 초콜릿은 언제 디저트가 되었을까? ——— **285**
- 식품 커뮤니케이션 연구소(Food Communication Partners) 소개 — **287**

서문 | '식품 리스크', 그리고 우리의 책임

❋ "뉴스를 말씀드리겠습니다"

최근 5년간 751건 위해식품 회수 명령

최근 5년간 2019년부터 2024년 6월까지 식품의약품안전처는 총 751건의 위해식품에 대해 회수 명령을 내렸으며, 이 중 1등급 위해식품은 235건으로 전체의 31%를 차지했습니다. 1등급 위해식품은 인체 건강에 매우 큰 위해를 미칠 수 있는 제품으로, 무등록·무신고 영업 제품, 알레르기 유발 원료 미표시 제품, 벤조피렌이나 아플라톡신 등 발암물질이 검출된 제품 등이 포함됩니다. 회수 사유별로는 기준·규격 부적합이 573건으로 가장 많았으며, 기타 식품위생법 위반 111건, 식품표시광고법 위반 67건 순이었습니다.[1]

식품안전정보원에 의하면, 2024년 1분기 동안 주요 5개국 중국, 대

---

[1] 최근 5년 '회수된 위해식품' 3개 중 1개, 가장 위험한 '1등급', 식품저널(foodnews), 2024.10.04.

만, 일본, 미국, EU 에서 한국산 수출 식품의 부적합 사례는 총 111건이 보고되었습니다. 품목별로는 가공식품이 72건으로 가장 많았고, 농산물 26건, 건강식품류 7건, 수산물 4건, 기구용기포장 2건 등의 순이었습니다. 부적합 원인으로는 표시기준 위반이 51건으로 가장 많았으며, 동물성 원료 함유 관련 검사검역 허가 미취득 38건, 잔류농약 22건, 미생물 16건, 식품첨가물 6건 등이 있었습니다.[2]

최근 5년간 카페, 식당, 주점, 제과점 등 식품접객업소의 식품위생법 위반 적발 건수가 약 10만 건에 달했습니다. 이는 하루 평균 49.3건의 위반이 발생한 것으로, 공중보건에 대한 우려를 불러일으키고 있습니다. 주요 프랜차이즈의 위반 사례도 상당수 보고되었습니다.[3]

장염맨 사건

'장염맨'은 전국의 음식점에 전화를 걸어 식사 후 장염에 걸렸다며 합의금을 요구하는 수법으로 자영업자들을 협박한 인물입니다. 그는 2023년 6월부터 2024년 4월까지 약 10개월 동안 456명의 음식점 업주로부터 총 1억여 원의 합의금을 받아냈습니다. 이러한 범행으로 인해 2024년 9월 28일, 전주지방법원 형사5단독 박상곤 판사는 '장염맨'에게 사기 및 사기 미수 혐의로 징역 3년 6개월을 선고했습니다. 재판부는 피고인이 동종 범죄로 처벌받은 후에도 누범 기간

---

2   "K-푸드 수출 부적합 사례들 모았다" … '이것'만은 주의, 뉴시스, 2024.05.20.
3   [2024국감] 최근 5년간 치킨·햄버거·커피 프랜차이즈 등 식품위생법 위반 10만건 육박, 천지일보, 2024.10.11.

중에 불특정 다수를 대상으로 범행을 저질렀으며, 피해 복구를 위한 노력을 하지 않았다는 점을 지적했습니다.

'장염맨'은 숙박업소를 옮겨 다니며 인터넷 검색을 통해 알게 된 음식점에 매일 10~20차례씩 전화를 걸어 범행을 시도했는데, 업주가 합의금을 거부하면 "배상하지 않으면 관청에 알려 영업정지시키겠다"고 협박하기도 했습니다. 이러한 수법으로 전국 음식점 3천여 곳이 그의 전화를 받았으며, 피해 업주들은 온라인상에서 사례를 공유하며 주의를 당부했습니다.[4]

보험금을 노린 식중독 협박 사건

한 가족이 전국의 음식점과 할인마트에서 음식을 구매한 후 식중독에 걸렸다거나 음식물 속 이물질로 인해 치아 치료를 받았다고 주장하며, 보건소에 고발하고 언론에 알리겠다고 협박하여 치료비와 정신적 피해 보상 명목으로 '배상책임' 보험금 6,700만 원을 수령한 사건이 있었습니다. 금융감독원은 이들의 행위를 보험사기로 규정하고 수사기관에 수사를 의뢰하였습니다.[5]

우유에 세척수 혼입 회수 조치

최근에 ○○유업의 '○○우유 200ml' 제품 일부에서 세척수가 혼입

---

[4] "배탈났으니 합의금" 식당 수백 곳 협박 … 공포의 '장염맨'에게 징역 3년 6개월 선고, SBS 뉴스, 2024.09.28.
[5] 전국 음식점 돌며 식중독 협박한 일가족, 보험금 6700만원 챙겨, 머니투데이, 2020.01.14.

되는 사고가 발생하여 해당 제품이 회수된 일이 있었습니다. 이 사건은 2024년 12월, 한 대기업 연구소에서 사내 급식으로 제공된 해당 우유를 섭취한 일부 직원들이 복통과 이상한 냄새, 변색 등을 신고하며 알려졌습니다. ○○유업은 즉시 원인 파악에 나섰고, 생산 작업 중 밸브 작동 오류로 인해 세척액이 약 1초간 혼입된 것을 확인했습니다. 이에 따라 해당 제품의 전량 회수를 결정하였습니다.

이와 관련하여 식품의약품안전처는 ○○유업 ○○공장에서 생산된 모든 제품에 대한 검사를 진행하였으며, 해당 공장에 대해 영업정지 1개월 및 해당 제품 폐기의 행정처분을 요청하였습니다.

○○유업은 이 사고에 대해 공식 사과문을 발표하며, 동일한 사고를 방지하기 위해 작업 오류를 원천 차단할 수 있는 소프트웨어 시스템을 즉시 개선하고, 품질 안전관리 체계를 강화하겠다고 약속했습니다.[6,7]

만두 이물질 혼입 회수 조치

○○사의 ○○김치만두에서 플라스틱 이물질이 나와 회수 조치된 일이 있었습니다. 소비자가 '○○만두'에서 플라스틱 이물을 발견해 고객센터에 접수했고, 이에 ○○측이 식약처에 신고해 회수 절차를 밟았습니다. 회수 대상 제품은 '○○만두 400g'으로, ○○사는 해당

---

[6] "한 팩이라도 절대 일어나서는 안 되는 일"…'세척수 혼입' 사과한 매일유업, 매일경제, 2024.12.16.
[7] 식약처 "멸균기 밸브 1초 열려 세척수 유입" 관련법 따라 영업정지 1개월 및 제품 폐기 조치, 헤럴드경제, 2024.12.17.

되는 제품을 빠르게 회수했습니다.

당시 ○○사 관계자는 "만두를 먹던 소비자가 조각을 발견하고 고객센터에 접수한 걸 확인해 관할 구청에 자진 신고 및 자진 회수했다"며 "다른 종류의 만두에선 이물질이 발견되지 않았다"고 밝혔습니다.[8]

수출 라면 회수 조치

○○식품의 ○○볶음면 등 매운 라면 제품이 덴마크에서 리콜 조치를 받았습니다. 2024년 6월, 덴마크 수의식품청 DVFA 이 ○○식품의 ○○볶음면 3× Spicy, ○○볶음면 2× Spicy, ○○볶음탕면에 대한 리콜을 발표했는데, 한 봉지에 든 캡사이신 수치가 너무 높아 소비자가 급성 중독을 일으킬 위험이 있는 것으로 평가됐다고 하며, "제품을 갖고 있다면 폐기하거나 제품을 구입한 가게에 반품해야 한다"고 권고했습니다. 특히 어린이들에게 매우 매운 음식이 해가 될 수 있다고 경고했습니다.

당시 ○○사 관계자는 덴마크 수의식품청 조치에 대해서 "품질 문제가 아니라 너무 매워 문제를 일으킬 소지가 있다면서 자체적으로 리콜한 것으로 파악된다"고 밝혔습니다. "현재 해당 제품을 세계 각국에 수출하는데 이 같은 이유로 리콜 조치를 받은 것은 처음"이며 "현지 관련 규정 등을 면밀히 파악해 이번 리콜 조치에 대응해 나

---

[8] 김치 만두서 '플라스틱'이 … 비비고, 만두 1600개 회수 조치 中, 메디컬투데이, 2024.10.30.

갈 계획"이라고 했습니다.[9]

이에 대해 ○○사는 한국식품의약품안전처와 협력하여, 문화적 차이에서 오는 캡사이신 함량 계산의 오류와 섭취 방법 등의 문제점을 지적하고, 이후 회수 조치가 철회되었습니다. Part B의 '리스크 커뮤니케이션'에서 우수 사례로 자세히 소개합니다.

우리의 일상인 식품이 그리 특별할 리 없습니다. 하지만 이를 업으로 삼고 돈 받고 판다면 그리 간단하지 않습니다. 내가 만든 김밥은 짜든 싱겁든 아무런 문제가 없지만 돈으로 교환되는 순간 짜다, 싱겁다의 수준을 넘어 법에서 정한 신고 대상이 되어 행정조치를 받을 수도 있습니다. 식중독 등과 연결되었다면 사람의 생명과도 직결되는 중대한 문제가 됩니다.

문제를 만들지 않으면 되겠지만, 현실적으로 불가능한 일입니다. 식품업에 종사하는 분들은 안전한 식품을 위해 최선을 다합니다. 하지만 소비자에게 전달되기까지 모든 변수를 관리할 수 없기 때문에 문제 발생은 필연적일 수밖에 없습니다. 필자가 이 책을 쓰게 된 동기입니다.

필자는 늘 식품 현장에 있었습니다. 식품 제조 공장과 고객상담

---

[9] 덴마크, 핵불닭볶음면 리콜 … '너무 매워 소비자 해칠 수도', 연합뉴스, 2024.06.12.

팀장을 거쳐 식품 안전과 품질을 담당하는 임원으로 회사 생활을 마무리했습니다. 식문화 탐방 등 외식업계의 훌륭하신 분들과 함께 그분들의 음식에 대한 철학과 노력, 자부심 등을 배웠고, 식품의 안전과 정책을 수립하는 정부 관계자, 학계 고수님들이 필자의 스승들이십니다.

뉴스에 나오지 않지만 매일매일 발생되는 숨은 사건 사고 사례는 필자가 직접 겪었던 경험과 오랜 시간 친분이 있는 음식점 사장님들이 들려준 에피소드들입니다.

뉴스에 나오지 않는 수많은 사건들

피부 이식해야 해요

대부분 식당에서 뜨거운 뚝배기나 화로 옆에 놓인 그릇을 잡다가 살짝 데어본 경험이 있을 것입니다. 식당이나 식품업체는 이 같은 사례로 보상을 요구하는 고객에게 치료비 보상은 당연하지만, 피부 이식과 성형까지를 요구할 경우는 감당하기 어렵고, '음식물 책임 보험' 특약이 있다고 해도 쉽게 해결할 수 없는 경우가 많습니다.

이가 부러졌다!

치아 파절은 흔히 겪는 사례입니다. 하지만 치아의 건강 상태, 제공된 음식과의 연관성, 보상금액의 산정 등 애매한 점들이 한둘이 아닙니다. 많은 음식점 점주들은 '음식물 책임' 특약의 보험을 들고 있지만 보험 적용이 어렵다고 할 때가 많습니다. Part B의 '리스크 커뮤니케이션'에서 자세히 다루며 설명할 예정입니다.

치아 손상은 외식업과 식품기업에서 제일 많이 발생하는 금전보상 요구 사례입니다. "딱딱한 것을 씹었다", "플라스틱이나 돌, 나뭇조각 등의 이물질로 인해 금이 갔다", "부서졌다", "시큰거린다"는 등의 내용입니다. 예를 들면 과자 취식 중에 "우두둑" 하는 소리가 나 살펴보니 딱딱한 이물이 있었다고 주장해, 내용물을 분석한 결과 치과 치료제 지르코니아와 규소임을 알려 드렸습니다. 치료 의사가 도자기와 세라믹으로 치료한 것이라 지르코늄은 아니라고 주장하며 한국소비자원 분쟁조정 건으로 접수되어, 치료에 사용한 라바얼티메이트의 주성분이 지르코니아, 실리카가 80%인 제품이라는 정보를 제공하고 마무리된 사례입니다.

하지만 실제 뼛조각이 들어가 피해를 줄 수도 있고, 과자 등도 잘 튀겨지지 않았을 때 딱딱한 부분이 있어 소비자와 다툼이 있기 마련입니다. 간단한 치료는 쉽게 해결될 수 있지만, 뼈 이식을 포함한 임플란트 시술, "앞으로 10년간 손상된 치아를 책임져라!"라는 요구 등은 그리 쉽게 해결되지 않습니다.

날파리가 나왔는데…

과자를 먹던 중에 날파리가 나왔으며, 이번이 처음이 아니라 세 번째라 더욱 화난다고 전화한 고객입니다. 확인을 위해 포장지와 이물을 잘 보관해 주시면 찾아뵙겠다고 하자, "벌레를 왜 보관하냐"며 더욱 화를 내다가 옆에 놓아둔 "날파리가 없어졌다. 강아지가 먹은 것 같다. 강아지 치료비까지 보상하라!"며 식약처, 인터넷, 언론 공개를 협박하며 책임자 바꾸라고 몹시 화를 낸 고객이었습니다. "강아지 치료비 보상은 어렵다"고 하자, 1372 소비자상담센터에 신고되었고, 신고 내용이 강아지에서 고양이로 바뀌는 등 처음 상담 내용과 상이한 점들이 있어, 한국소비자원 피해구제를 받아 보관 중인 제품 환불과 답례품을 보내 드리는 선으로 마무리되었습니다.

국과수에 신고할 거예요!

새벽 1시 근무처에서 라면을 먹었는데, 머리카락인지 쥐 털인지 뭉텅이가 나왔다고 전화하신 고객입니다. 자세히 보니 전에 먹은 것도 같은 라인에서 생산된 것이라 속이 많이 메슥거리고 밥을 통 못 먹었다, 국과수에 신고할 거고 정신적으로 힘들어 정신과 치료를 받아야겠다고 하였습니다. 샘플을 확인해 볼 수 있겠느냐는 말에 "건네줄 생각 없고, 식약처에 줄 생각"이라 하고 1차 상담이 종료되었습니다. 다음날 "샘플을 줄 테니 200만 원에 합의하자"고 연락을 받았지만, 1372 소비자상담센터와 한국소비자원 등의 피해구제 절차를 안내해 드린 후 상담이 종료되었고, 이후 연락이 없어 임의 종결된 사례입니다.

컵라면에서 바늘이?

"어떻게 이럴 수가 있어요, 큰일 날 뻔했잖아요. 바늘이 나왔어요."

전화 상담이 끝나고, 품질팀과 제조공장 모두가 긴장한 상태에서 방문 상담직원이 급히 사과하고, 회수된 샘플을 분석했습니다. 컵라면 뚜껑 부분에 바늘 구멍이 나 있었고, 그 구멍을 현미경으로 관찰해 보니 뚜껑 밖에서 안쪽으로 들어간 것을 확인했습니다. 슈퍼를 찾아 CCTV를 확인하려 했지만 불가능했고, 신고한 고객께 고객상담 팀장과 시험에 참여한 연구원이 샘플과 현미경 사진으로 자세히 설명하고, 생산 현장에서 발생된 것이 아니라 유통 중에 발생된 것으로 추정됨을 설명드려 마무리된 사례입니다.

또한 공기가 모두 빠진 과자 봉지가 발견되기도 하는데, 이 또한 바늘 자국이 있고 현미경 관찰 결과도 컵라면 사례와 같아 인위적인 장난으로 추정되었습니다.

2010년 12월, 구매한 밤식빵에서 쥐 사체가 발견되었다는 글과 사진이 한 인터넷 커뮤니티에 게시되면서 큰 논란이 있었습니다. 이는 매장 인근에서 경쟁 제과점을 운영하던 김 모 씨가 죽은 쥐를 주워 자신의 매장에서 직접 식빵에 넣어 구운 후, 이를 촬영하여 인터넷에 올린 자작극으로 드러났습니다. 인적 피해는 없었지만 '식품 테러' 사건입니다.

세계보건기구 WHO, 유엔식량농업기구 FAO 등은 식품 테러를 주요 식량안보 및 공중보건 문제로 보고 예방 가이드라인을 마련했으며, 2000년대 중반 이후 우리나라에서도 식품 안전이 국가안보와 직결된 문제로 인식되기 시작하며, 관련 법률과 관리 체계가 강화되고 있습니다. HACCP Hazard Analysis and Critical Control Point, 위해요소 중점관리기준(해썹)는 테러 관련 요소를 포함한 평가 체계를 구축하고 있으며, FSSC 22000 Food Safety System Certification 22000 은 ISO 22000 식품 안전 경영 시스템 과 PAS 220 식품 제조를 위한 전제 조건 프로그램 을 기반으로 한 국제 인증제도로 식품 테러와 연관하여 식품안전경영 체계 내에 테러리즘 및 사보타주 고의적 파괴행위 위험 평가와 공급망 보안 강화 및 식품 방어 Food Defense 절차를 포함한 예방적 조치를 요구하고 있습니다. Part A '리스크 매니지먼트'에서 다시 설명할 예정입니다.

수프가 폭발했다!

고객이 흥분된 상태로 "도대체 수프에 어떤 물질이 들어갔길래 폭발하냐? 죽을 뻔했다"며, 다급하고 격앙된 항의 전화가 왔습니다. 개발팀 연구원, 품질 담당자 등 기술자들이 모여 원인을 분석한 결과, 수프 때문이 아니라 주방기구의 가공 기술이 발달되어 표면에 미세 결함이나 요철이 없어 기포 생성이 되지 않는 '슈퍼히팅 Superheating' 물리적 현상으로, 액체가 끓는점 이상으로 가열되었음에도 끓음이 발생하지 않는 상태에서 수프를 넣는 순간 '핵화점 Nucleation Site'이 되어 폭발적으로 기포가 발생하면서 마치 폭발하는 것으로 느껴지고, 끓는점 이상의 온도를 갖고 있기 때문에 대단히 위험한 현상을 초래한 것이었습니다. 이때부터 조리법에 "끓는 물에 수프를 먼저 넣을 시 끓어오름 현상으로 화상의 위험이 있으니 면을 먼저 넣고 조리하세요"라는 주의사항이 추가되었습니다.

벌레가 꿈틀거려요

살아 있는 벌레를 발견한 소비자는 떨리고 다급한 목소리로 전화하는 것이 대부분입니다. "이거 어떡해요?"로 시작해 상담 시간이 지날수록 소비자는 점점 화가 나서 상담 직원과 실랑이를 하게 되는 경우가 종종 있습니다. 왜냐하면 소비자 입장에서는 벌레가 나올 수 있는 환경에서 식품을 생산했으니 이 회사는 엄청난 위기인데 상담 직원의 태도는 "많이 놀라셨을 텐데 죄송합니다"라며 별로 놀란 기색이 없고, 엄청난 사건인데 보상 수준이 합당하지 않다고 생각하기 때문입니다.

사실 살아 있는 벌레를 발견하고 클레임을 제기한 경우 상담 직원은 많이 놀라지 않습니다. 대부분 제조 과정에서 들어간 벌레가 아니라고 생각하기 때문입니다. 먼저 고객에게 따뜻한 위로 말씀을 전하고, 어떻게 발견하셨는지 탐색 질문하며 발견 당시의 상황을 파악합니다. 포장지에 적힌 소비기한을 질문함으로써 제조 현장에서 들어간 벌레가 아니라고 판단할 수 있습니다. 질소가 충진된 과자는 산소가 없어 벌레가 살아 있을 수 없고, 제조일로부터 기간에 따라 벌레의 먹이 활동 흔적과 배변, 탈피의 이물이 있어야 합니다. 이러한 벌레의 생태 학습이 되어 있기 때문에 당황하지 않고 상담할 수 있는 것입니다.

살아 있는 벌레가 발견된 것은 유통 중이나 소비자가 보관 중에 발생된 경우가 많습니다. 좀 더 자세한 내용은 Part B '리스크 커뮤니케이션'에서 설명할 예정입니다.

혐오 감정의 진화적 관점

앞서 본 사례들은 지금 우리가 매일 겪고 있는 사건 사고들입니다. 매일 식탁에 오르는 음식은 농장에서 식탁까지 복잡한 과정을 거칩니다. 원재료의 생산부터 가공, 유통, 소비에 이르기까지 우리가 상상하지도 못한 복잡하고 다양한 변수가 숨어 있습니다. 미리 예측해도 어려운데 눈에 보이지 않고, 생각지도 못한 위험까지도 대비하여 완벽한 음식으로 소비자에게 제공해야 하는 것이 식품업에 종사하는 우리들의 숙명이자 책임입니다.

우리의 고객인 식품 소비자는 음식을 단순한 소비재가 아닌 자신과 가족의 건강에 직접적인 영향을 미치는 중요 요소로 여기고 감정적인 방어 작용을 작동합니다. 경희대학교 전중환 교수는 인간의 혐오 감정이 생존에 중요한 역할을 했다고 했습니다. 특히 음식과 관련된 위험을 피하기 위해 발달된 것이 '혐오' 감정이라 하는데, 이는

인류가 생존하는 데 있어 중요한 적응 메커니즘으로 해로운 음식이나 부패한 음식 섭취로 인한 질병이나 중독을 예방하는 데 기여했고, 음식을 대하는 인간의 기본 감성이라고 합니다. 혐오감은 주로 감각적 신호, 즉 시각, 후각, 미각을 통해 활성화되며, "인간이 안전하지 않은 음식으로부터 멀어지게 만들어 생명을 보호했다"고 합니다.

이처럼 음식은 인간의 생명을 위협하는 위험 요소로 인식되었기 때문에 식품을 생산하고 판매하는 모든 사람들은 소비자들의 예민하고 부정적인 반응을 당연시하는 것이 식품 위기 관리인의 기본 마인드가 되어야 합니다.

❁ 초연결 시대, 변화에 직면한 식품기업 ─────────

4차 산업혁명은 단순한 기술 발전을 넘어 인공지능 AI, 로봇공학, 빅데이터, 사물인터넷 IoT 등이 상호작용하며, 인간의 역할과 직업, 경제 구조, 그리고 사회적 시스템까지 광범위하게 재편성하는 특징을 지닌 빠르고 큰 변화입니다. 관점에 따라 다르겠지만 필자는 이 변화를 '초연결'로 이야기하고 싶습니다. 그 이유는 우리가 사는 세계, 나의 일상생활이 본인의 의도와 관계없이 글로벌한 무한한 '연결' 속에 상상하지도 못한 무수한 기회와 위협으로 동시에 확장되었고, 그 누구도 예외 없이 그 속에 살고 있기 때문입니다.

예를 들어 내가 수출한 제품이 유해 식품으로 판정되어, 상대국으로부터 회수 명령을 받았습니다. 또한 상대국은 이러한 내용을 미리 알려주지 않고, 홈페이지를 통해 발표했습니다. 아무런 대비를 하지 못한 상태에서 언론에 보도된 것입니다. 이후 상상하지 못한 위기가 쓰나미처럼 한꺼번에 밀려옵니다. "○○회사가 발암물질이 들어간 식품을 팔고 있다", "사실이냐?", "당신들이 만든 제품 다 문제 있는 거 아니냐?" 등의 소비자의 항의 전화가 빗발치고 각종 언론의 추측성 보도가 사태를 더욱 복잡하게 만들며, 당국은 해당 수출 제품에 대해 생산량과 수출 실적, 제조시설에 대한 조사에 착수한다는 기사들이 쏟아지면서 거의 모든 국내외 거래선이 해당 제품은 물론이고 "○○회사 모든 제품의 판매를 일시 중단하겠다"고 했을 때…… 이 상황을 담담히 해결할 수 있는 준비가 되어 있는가? 라는 질문에 그 누구도 자신하기 어려울 것이라고 생각합니다.

✿ 분석 기술의 발전과 유해물질 관리

분석 기술의 발달은 식품 안전 관리에서 매우 중요한 변화를 이끌고 있습니다. 기기 분석은 잔류농약, 중금속 등 유해물질을 정밀하게 탐지하며, 다중 분석 기술과 미세구조 분석 기술을 통해 분석 속도와 정확성을 크게 향상시켰습니다. 빅데이터와 인공지능의 융합으로 방대한 데이터를 이용, 효율적인 분석과 예측이 가능해지고, 실험 시간과 비용이 단축되어 산업 전반에 커다란 변화를 일으키고 있습니다.

분광학적 분석 기술은 라만 분광법과 FTIR ^{적외선 분광법}을 활용해 비파괴적으로 물질의 특성을 신속히 파악할 수 있어 소비자 클레임 대응에 유용합니다. 또한, 전기화학적 분석과 미생물학 분석 기술의 발전으로 환경 모니터링과 미생물 유전체 분석이 정밀해졌으며, 이 화학 분석 기술은 촉매 기술과 나노 기술을 통해 효율적이고 친환경적인 화학 반응을 가능하게 하고 있습니다. 이러한 분석 기술의 발달은 더욱 엄격한 법적 규제 기준이 되고, 기업은 이를 넘어선 식품 안전 체계를 구축해야 합니다.

이는 식품업계의 리스크 관리 측면에서 매우 중요한 변화 포인트입니다. 업종과 생산 품목에 따라 관리되어야 할 유해물질 체계를 만들고, 이를 '어떻게 관리할 것인가?'를 계획하고, 실천하지 않는다면 식품 안전을 담보할 수 없습니다.

기업의 규모에 따라 다르겠지만, 수백에서 수천 종의 관리 대상을 직접 관리할 항목과 안전이 담보된 원료를 구매하는 등의 전략적 접근이 필요합니다. Part A '리스크 매니지먼트'에서 유해물질 체계도로 자세히 설명할 예정입니다.

그리고 식품의 안전관리는 인터넷이 주는 동시성 등으로 인해 수입 원료에서부터 수출 제품에 이르기까지 전 지구적인 안전관리 인식에서 관리되어야 하는 매우 복잡하고 정교한 관리 체계임을 정확히 인식해야 합니다.

🌸 푸드 리스크 매니지먼트

식품 리스크는 완전히 제거할 수 없습니다. 하지만 예측하고 관리해야만 살아남을 수 있습니다.

　이제 식품 현장을 떠난 식품인의 한 사람으로 오랫동안 고민했던 경험을 바탕으로, 식품 안전을 단순히 과학적 문제에 그치지 않고 심리·문화 등의 사회적 맥락 속에서 소비자의 감성, 글로벌 규제 환경 등에 따른 기업의 사회적 책임을 다각적인 관점에서 식품 리스크 관리의 본질을 이해하고 대응해야 한다고 생각합니다. 안전한 먹거리를 제공하는 모든 식품인들의 문제 해결의 파트너가 되었으면 합니다.

여기서 잠깐!

● '음식'과 '식품'은 같은 말일까?

일상에서 흔히 혼용되는 두 단어는 겉으로는 비슷해 보이지만, '음식'과 '식품'은 사용되는 맥락과 의미에서 뚜렷한 차이를 지닌다.

'음식'은 사람들이 먹고 마시는 모든 것을 포괄하는 단어이다. 개인적인 식사 경험과 연결되며, 문화적이고 감각적인 요소를 포함한다. 주로 조리된 상태나 섭취 행위에 중점을 둔다. 예를 들어, '한국 음식'이라는 표현은 특정 요리나 식사 방식, 또는 전통적인 조리법을 떠올리게 한다. 이러한 맥락에서 음식은 우리의 식탁에서 경험하는 맛, 향, 그리고 시각적인 즐거움과 밀접한 관계가 있다.

반면, '식품'은 '생산, 가공, 유통, 판매'와 같은 산업적이고 법적 관점에서 사용되는 용어다. 식품은 먹을 수 있는 모든 것을 포함하며, 반드시 조리된 상태를 의미하지는 않는다. 예를 들어, 포장된 밀가루, 통조림, 건강기능식품 등은 조리 여부와 관계없이 모두 식품에 해당한다. 또한 '식품'이라는 단어는 식품위생법과 같은 법적 규제와 연관되며, '품질, 안전성, 영양성분'과 같은 기술적이고 과학적인 요소를 다룬다.

이처럼 '음식'은 우리가 일상에서 즐기는 식사의 경험과 가까운 단어라면, '식품'은 산업적 생산과 관리 체계 속에서의 먹거리를 포괄하는 용어이다. '음식'은 '식품'의 하위 개념으로 볼 수 있다. 모든 음식은 식품에 포함되지만, 모든 식품이 반드시 음식으로 소비되는 것은 아니다. 예를 들어, 생고기나 밀가루는 식품이지만 조리되지 않으면 음식으로 여기지 않는다.

실생활에서도 두 단어는 사용되는 맥락에 따라 명확히 구분된다. '음식'

은 개인의 취향이나 문화적 정체성을 반영할 때 먹거리를 강조하며 사용되며, '식품'은 생산과 유통, 안전성을 논의할 때 과학적이고 산업적인 개념을 담아 사용된다. 따라서 '음식'은 우리가 직접 섭취하는 경험과 밀접한 단어이고, '식품'은 보다 포괄적이고 체계적인 관점에서 사용되는 단어라고 할 수 있다.

> 나의 직장생활

● 고민하고 소통하며 배울 수 있었던 시간 ─────

"나는 삶의 철학(哲學)을 가진 인간이다."
"나는 경제(經濟)를 아는 인간이다."
"나는 행복(幸福)한 인간이다."

내가 다닌 농심의 사훈이다. 1988년에 입사해 2023년까지의 회사 생활은 종교 생활에 가까웠다고 해도 과언이 아니다. 나뿐만이 아니다. 동료들도 우리 가족도 그렇게 살았다.

특히 사훈의 첫 구절 "나는 철학을 가진 인간이다"를 제일 좋아하고 사랑한다. 입사 초기에는 기술과 과학을 최우선으로 생각했는데 시간이 지날수록 철학이 모든 것에 우선임을 깨닫고, 철학적으로 생각하고 살려고 노력했다. 아마도 이 책을 쓰게 만든 힘이 이 사훈 구절에서 나왔다고 생각한다.

내가 다닌 농심은 장거리 선수와 같다. 순간에 휘둘리지 않았다. 입사 2년 차인 1989년에 우지파동이 일어나 한동안 업계가 힘들었다. 그 당시 창업주이신 선대 회장님은 전 직원이 모인 조회에서 경쟁사를 도우라 하셨다. 하지만 지금까지도 그 덕분에 라면 업계의 1위가 되었다고 생각하고, 내게 질문하는 분들도 많다. 사실이 아니다. 농심이 라면 업계 1위가 된 것은 1985년 3월이고, 그 이후 한 번도 순위 변동이 없었다.

하얀 국물 라면이 엄청난 기세로 시장을 잠식할 때 지금도 인기 있는 사리곰탕, 멸치칼국수를 하얀 국물이라고 선전하지 않았고, 대응 제품도 만들지 않았다. 경쟁사를 견제하기보다 상생하며, 우리가 잘하는 것에 집중할 것을 주문했던 힘은 고객을 최우선으로 생각하고, 음식에 대한 방향성과 가치를 우선으로 하는 철학적 기반이 있었기 때문으로 생각한다.

    식품기업에서 품질과 식품 안전 담당은 한시도 마음 놓을 수 없는 긴장된 업무가 상존한다. 그 속에서도 과학적인 측면뿐만 아니라 소비자의 심리적 안정과 음식에 대한 문화적 요소, 사회적인 책임 등을 늘 고민하고, 많은 분들과 소통해 가며, 직접 업무 이외의 많은 것을 배울 수 있는 여유를 준 회사에 감사한다. 그리고 그때 배운 내용들을 이 책에 담으려 했다.

Part A
리스크 매니지먼트
Risk Management

인간의 삶에서 '불확실성'은 우리가 미래에 어떤 일이 일어날지 정확히 알 수 없는 상태를 의미한다. 이는 일상적인 결정부터 인생을 변화시키는 중요한 선택에 이르기까지 모든 면에서 영향을 미친다. 불확실성은 불안감과 스트레스를 유발할 수 있지만, 동시에 기회와 새로운 가능성을 제공하기도 한다. 이로 인해 사람들은 불확실성을 관리하고 통제하려는 욕구를 가지게 되며, 인간의 삶에서 자연스러운 부분이고, 이를 어떻게 받아들이고 대처하느냐에 따라 삶의 질과 성공의 여부도 달라질 수 있다.

우리 모두는 크고 작은 위기를 관리하며 살아간다. 예상치 못한 사건이나 어려움이 닥쳤을 때 '이를 어떻게 극복하느냐'에 따라 삶의 방향이 결정된다. 개인의 삶도 위기를 관리하는 능력이 그 사람의 안정과 성취를 좌우하는데 불특정 다수를 상대하는 사업은 위기 관리가 단순히 안정적인 운영을 위한 수단이 아니라, 기업의 생존과 성장, 나아가 성공을 좌우하는 필수 요소라 할 수 있다.

1. 리스크 매니지먼트의 이해

　기업은 변화하는 환경 속에서 수많은 이해관계자와 상호작용하며 존재한다. 소비자의 기대가 높아지고, 경쟁이 치열해지며, 예기치 못한 외부 요인들이 끊임없이 발생한다. 이러한 상황에서 위기가 발생하지 않으리라고 기대하는 것은 현실적이지 않다. 오히려 위기를 미리 예측하고 대비하며, 위기가 발생했을 때 신속하고 효과적으로 대처할 준비가 되어 있는 기업만이 시장에서 살아남을 수 있다. 위기 관리는 더 이상 선택의 문제가 아니라 기업 경영의 기본 조건이다.

　또한 위기 관리는 단순히 문제를 해결하는 기술이 아니다. 이는 기업이 얼마나 철저히 계획을 세우고, 상황을 모니터링하며, 신뢰를 기반으로 한 소통을 이어 가는지에 대한 전반적인 경영 평가이다. 위기는 종종 기업의 약점을 드러내는 동시에, 새로운 기회를 창출할 수 있는 계기가 되기도 한다. 위기를 효과적으로 관리하면 기업은 단순히 그 순간을 넘기는 것이 아니라 장기적으로 더 강력한 경쟁력을 갖출 수 있다. 위기 상황에서 소비자와 신뢰를 쌓고, 조직 내부에서 단합을 이뤄내며, 문제를 해결해 나가는 과정은 기업의 명성과 가치를 높이는 중요한 자산으로 작용한다.

따라서 기업은 위기 관리에 실패하면 단순한 손실로 끝나는 것이 아니라, 소비자의 신뢰와 시장 내 입지를 한순간에 잃어버릴 위험이 있다. 반대로, 위기를 성공적으로 관리하면 기존의 신뢰를 강화하는 동시에 새로운 고객과 시장을 확보할 기회를 얻을 수 있다. 미래를 대비하고 지속 가능성을 확보하기 위한 전략적 투자로 봐야 한다.

🟢 리스크 관리의 중요성

기업 생존의 문제

1982년, 미국 존슨앤드존슨의 타이레놀 캡슐에 누군가 독극물인 시안화물 Cyanide 을 주입해 이를 모르고 복용했던 소비자가 잇따라 사망하는 사건이 있었다. 존슨앤드존슨은 막대한 손해를 무릅쓰고 즉시 리콜을 실시했으며, 재발 방지를 위해 위조방지 알루미늄 씰 포장과 캡슐 형태의 제형을 타정 정제 으로 변경하는 등의 대처로 인해, 이후 글로벌 리딩 기업으로 소비자들로부터 꾸준한 신뢰를 얻고 있다.

반면 일본의 유키지루시 雪印, Yukijirushi 는 원료에 곰팡이 독소가 포함된 사실을 은폐하고 제품을 생산 유통하여 심각한 식중독 사건을 일으켰으며, 문제 해결보다는 변명으로 일관하다 브랜드를 분할 매각하며 파산했다.

또 하나의 예로, 2004년 우리나라에서 발생한 쓰레기 만두소 사건은 언론이 의혹을 제기하면서 발생되었는데, 조사 결과 당시에 사용된 재료는 합법적으로 식품에 사용할 수 있는 것으로 판명되었지만, 당시 만두 생산 중소업체의 절반이 도산했고 당사자로 지목된 사업자는 한강에서 자살을 한 안타까운 사건이 있었다.

이같이 리스크 관리는 단순히 제품의 품질 문제를 해결하는 것을 넘어, 기업의 생명뿐만 아니라 신뢰도와 브랜드 이미지를 보호하는 데 필수적이다.

소비자 보호

소비자 없는 기업은 없다. 기업의 모든 활동은 소비자로부터 신뢰와 선택을 위해 이루어지는 것으로 우리가 다루고 있는 위기 대응 역시 소비자에 의해 발생되고, 해결 또한 소비자의 결정에 의해 마무리된다. 모두가 소비자를 최우선으로 생각하고 문제에 대응하는 것은 당연하며, 그 속에서 기업의 발전과 이익이 따른다.

기업의 위기 대응에서 소비자를 보호하기 위한 원칙과 전략을 다음과 같이 정리할 수 있다.

(1) 신속한 대응

문제가 발생했을 때 즉각적으로 소비자에게 상황을 알리고, 대응하는 것이 매우 중요하다. 소비자가 빠르게 문제의 심각성을 인지할 수 있도록 명확하고, 투명한 커뮤니케이션이 필수적이다.

(2) 투명한 정보 제공

소비자가 정확한 정보를 알 수 있도록 관련 내용을 빠르고 정확하게 공개해야 한다. 문제의 원인, 현재 상태, 해결 방안 등을 투명하게 설명하면 소비자의 신뢰와 함께 신속한 문제 해결에 도움이 된다.

(3) 제품 리콜 등의 안전 조치

만약 문제가 발생한 제품이 소비자에게 위험할 수 있다면, 신속한 리콜 조치가 이루어져야 한다. 또한, 소비자가 해당 제품을 사용하지 않도록 하는 구체적인 안내와 함께 대체 제품이나 환불 등의 조치가 필요하다.

(4) 상담 부서 운영

위기 상황에서 소비자는 불안감과 혼란을 겪기 때문에 이를 해결할 수 있는 팀을 운영하는 것이 중요하다. 고객 문의에 대한 신속한 답변과 문제 해결이 소비자의 신뢰를 유지하는 데 중요한 역할을 한다. Part B '리스크 커뮤니케이션'의 '고객상담팀 운영'에서 자세히 소개할 예정이다.

사후 평가 및 개선

위기가 종료된 후, 발생한 문제에 대한 원인 분석과 재발 방지 대책을 마련해야 한다. 이를 통해 향후 동일한 문제가 발생하지 않도록 프로세스를 개선하고 소비자에게 이를 공지함으로써 신뢰를 회복할 수 있다. 이에 대해서는 Part C '리스크 리빌딩'에서 자세히 다룰 것이다.

윤리적 책임감 강화

소비자의 안전을 최우선으로 고려하는 기업의 윤리적 책임을 명확히 해야 한다. 위기 상황에서 책임을 회피하지 않고, 문제를 해결하려는 노력이 소비자 보호와 직결된다. 이러한 전략들을 통해 식품기업은 위기 속에서 소비자의 신뢰를 지키고, 궁극적으로 브랜드 가치를 보호할 수 있다.

비용 절감 및 운영 효율성 제고

효과적인 리스크 관리는 운영 효율성을 높이고, 비용을 절감하는 데 기여한다. 리스크 관리가 부실할 경우, 예기치 못한 사고가 발생해 긴급 대응이나 사후 처리에 큰 비용이 소요될 수 있다.

예를 들어 제품 리콜, 법적 소송, 규제 위반에 따른 벌금 등은 상당한 재정적 손실을 초래한다. 또한 이러한 사건은 기업의 생산성과 운영 효율성에도 큰 영향을 미칠 수 있다. 하지만 사전적으로 리스크를 관리하고 예방 조치를 취하면 이러한 비상 상황을 피할 수 있어 비용을 절감할 수 있다. 리스크를 체계적으로 관리함으로써 기업은 운영 프로세스를 최적화하고, 자원을 효율적으로 활용할 수 있다.

위기 대응력 강화

리스크 관리는 위기 상황에서의 대응 능력을 강화하는 데 핵심적인 역할을 한다. 식품기업은 언제나 예상치 못한 리스크에 노출되어 있다. 위기 상황이 발생할 경우 빠르고 효과적으로 대응해야 한다. 리스크 관리 시스템이 잘 구축된 기업은 위기 발생 시 신속하게 대응할 수 있으며, 피해를 최소화하고 신뢰를 유지할 수 있다.

위기 상황에서 효과적인 대응을 위해서는 사전 준비가 중요하다. 리스크 관리를 통해 위기 시나리오를 미리 분석하고 대응 계획을 마련해 놓으면, 실제 위기 발생 시 혼란을 최소화하고, 대응 속도와 정확성을 높일 수 있다. 이는 기업이 위기를 극복하고 다시 안정적인 운영 상태로 복귀하는 데 필수적 요소로 작용한다.

성공한 사람들과 기업은 위험을 피하기만 한 것이 아니라, 그것을 잘 관리하고 기회로 바꾸어낸 이들이다. 리스크를 관리하는 자가 결국 그 시대의 주인공이 되며, 위기 속에서도 성장과 부를 창출할 수 있다.

놀이공원의 놀이기구는 본질적으로 위험하지만, 철저한 안전 설계와 운영을 통해 즐거움과 수익을 만들어낸다. 이처럼 기업도 리스크를 제거할 수는 없지만, 사전에 준비하고 철저히 대비함으로써 그 위험을 통제 가능한 수준으로 만들고, 오히려 경쟁력을 높이는 기회로 전환할 수 있다.

리스크는 쉽게 예견하거나 완벽히 제거할 수 있는 대상이 아니다. 그러나 '얼마나 잘 준비하고 대응하는가'에 따라 위기를 기회로 만들 수 있으며, 이것이야말로 우리가 선택할 수 있는 가장 현실적이고 효과적인 전략이다.

2. 위기^{Risk}, 위험^{Crisis}, 위협^{Threat}

구 버전이지만 〈미션 임파서블〉 등과 같은 영화에서 주인공이 팀과 작전을 수행할 때 각자의 시계를 같은 시간으로 맞추는 장면이 종종 보인다. 이는 조직이 크든 작든 간에 동시에 같은 생각으로 행동하는 것이 매우 중요하다는 생각을 하게 한다. 기업도 조직 구성원들의 생각을 일치시키는 것이 목표 달성에 매우 중요하다. 사용하는 단어에 대한 개념을 동일하게 이해함으로써 힘의 낭비를 막고, 시너지를 극대화할 수 있게 만드는 요인으로 작용한다.

'위기', '위험', '위협'은 서로 연관되어 있지만, 각기 다른 개념으로 이해되어야 한다.

❋ 위협^{Threat} : 위험 분석 예비 단계

위협은 잠재적으로 위기나 위험을 초래할 수 있는 요인이나 상황을 의미한다. 위협은 아직 실현되지 않았으며, 다가오는 위험의 징후로서 존재한다. 위협이 현실화될 경우 '위험' 또는 '위기'로 발전할 수 있다.

이러한 징후들의 예측은 사물인터넷, 빅데이터 분석, AI 및 머신러닝 기술을 활용한 위험 예지 시스템을 통해 자동화가 가능하다. Part C '리스크 리빌딩'에서 운영 사례와 함께 설명할 예정이다.

위험Crisis : 손실의 크기 예측(측정)

위험은 특정 사건이 발생할 확률과 그로 인한 부정적 결과 손실 의 크기를 의미한다. 위험은 위협이 현실화될 경우 발생할 수 있는 구체적인 손실을 평가하는 데 사용된다. 즉, 위험은 위협이 실제로 실현될 가능성과 그 결과를 측정하는 과정에서 발생한다. 다음과 같은 단계로 구분된다.

위험 분석

위험 분석은 특정 위협이 발생할 가능성과 그로 인한 손실의 크기를 체계적으로 평가하는 과정이다. 이는 위험 요소를 사전에 식별하고, 각 위험이 기업 활동에 미치는 영향을 예측함으로써 적절한 대응 전략을 수립하는 데 목적이 있다.

- 발생 가능성 : 해당 위험이 발생할 확률(빈도)
- 결과의 심각성 : 위험이 현실화되었을 때의 영향력(피해 규모)
- 취약성 : 해당 위험에 대해 조직이 얼마나 취약한지(위험에 대응할 준비 상태)

결과의 심각성	발생 가능성		
	낮음	중간	높음
낮음	매우낮은위험	낮은위험	중간위험
중간	낮은위험	중간위험	높은위험
높음	중간위험	높은위험	매우높은위험

위험 평가

위험 평가는 특정 위험의 심각성과 발생 가능성을 분석하여 우선순위를 정하고 대응 전략을 수립하는 과정이다. 발생 가능성은 해당 위험이 발생할 확률을 '1-매우 낮음'에서 '5-매우 높음'으로 표시하고, 심각성은 해당 위험 발생 시 결과의 영향을 '1-경미'에서 '5-매우 심각'으로 표시하며, 발생 가능성과 심각성을 곱하여 중요도를 산출하여, 위험등급이 높은 순서대로 우선적으로 관리한다.

위험요소	발생가능성 (1-5)	심각성 (1-5)	위험등급 (발생가능성× 심각성)	우선 순위	조치계획
원료오염	4	5	20	1	원료검사 강화
표기누락	3	4	12	2	검증절차 개선
기계고장	2	3	6	3	정기유지보수 실시

위험을 제거하거나 완화하기 위한 비용이 과도하지 않은 한, 위험을 가능한 한 낮은 수준으로 유지하기 위해 높은 위험은 즉각적으로 대응해야 하며, 이를 감소시키기 위한 조치를 반드시 취해야 한다. 그리고 수용 가능한 수준의 위험은 위험이 충분히 낮아 더 이상의 조치가 필요하지 않은 상태이며, 합리적 실행 가능성은 위험 감소를 위한 추가 조치의 비용과 효과를 평가하여 지나치게 비효율적이지 않은 조치만을 실행한다.

위험 처리

위험 처리는 분석과 평가를 통해 파악된 위험에 대해 실제로 대응 방안을 마련하고 실행하는 단계이다. 이 단계에서는 위험을 수용할 것인지, 회피할 것인지, 전가할 것인지, 감소시킬 것인지를 결정하고, 구체적인 실행 계획을 수립한다.

(1) 위험 회피

해당 위험을 피하기 위해 원인 요소를 제거하거나 관련 활동을 중단한다. 예를 들어 높은 위험이 예상되는 원재료 공급처를 교체하는 것이 이에 속한다.

(2) 위험 완화

위험의 발생 가능성이나 결과의 심각성을 줄이기 위한 조치로 생산 공정에서 정기적인 검사와 품질 관리를 강화하는 것이 이에 해당한다.

(3) 위험 전가

위험을 다른 주체에게 전가하는 방법으로 보험 가입이나 계약을 통해 책임을 분산시킨다.

(4) 위험 수용

위험이 비교적 낮거나, 비용이 과도할 경우 그 위험을 받아들이고 추가 조치를 취하지 않는다.

위기^{Risk} : 쓰나미처럼 밀려온 위험

위기는 급박하고 예기치 못한 상황으로, 기존의 통제력이나 대응 능력을 벗어난 상황, 즉 심각한 결과를 초래할 수 있는 위급 상황이다. 위기 상황은 이미 발생한 상태로, 즉각적으로 대응해야 한다. 위기가 제대로 관리되지 않으면 조직, 사회, 개인에 큰 손실이나 피해가 일어날 수 있다.

위기 대응에 관한 내용은 뒤에서 자세히 설명할 예정이며, Part C의 '위험 예지 시스템'과 '모의훈련' 내용도 참고하기 바란다.

3. 식품기업의 리스크 개요

　식품기업은 소비자의 생명과 건강에 직접적인 영향을 미치는 제품을 다루는 만큼, 다른 산업보다 높은 수준의 리스크 관리가 요구된다. 원재료 수급에서부터 제조, 포장, 유통, 소비에 이르기까지 전 과정에서 다양한 위험 요인이 존재하며, 이 중 하나라도 관리에 실패하면 막대한 사회적, 경제적 손실로 이어질 수 있다.

　특히 최근에는 식품 안전, 알레르기 유발 물질, 허위 표시, 소비기한 위반, 미생물 오염 등 복합적이고 예측하기 어려운 리스크들이 증가하고 있으며, 정보 확산 속도가 빠른 디지털 환경에서는 기업의 평판 리스크도 동시에 커지고 있다.

　따라서 식품기업은 리스크를 단순히 사고 발생 시 대응하는 문제가 아니라, 전사적으로 사전 예측하고 체계적으로 관리해야 할 전략적 과제로 인식해야 한다. 식품기업이 마주하는 주요 리스크의 유형과 그 관리 체계, 그리고 실효성 있는 대응 방안에 대해 구체적으로 살펴보자.

다음은 식품기업이 직면하는 주요 리스크를 식품 안전, 법적 규제, 공급망, 식품 테러의 네 가지 범주로 구분하여 설명했다.

식품 안전 리스크

식품 안전 리스크는 식품기업의 경영에 가장 중대한 영향을 미치는 요소 중 하나로, 소비자의 건강과 직결되는 문제다. 식품 안전 사고는 기업의 신뢰도와 브랜드 가치를 심각하게 훼손시킨다. 법적 제재와 막대한 경제적 손실을 초래할 수 있고, 사회적 파장과 여론 악화로 인해 회복이 어려운 상황에 직면할 수 있다. 이는 원재료의 조달 단계부터 생산, 유통, 소비에 이르기까지 모든 과정에서 발생할 수 있으며, 체계적으로 관리하고 사전에 예방하는 것이 필수적이다.

유해물질 관리

앞서 서문에서 밝힌 분석 기술의 발달이 유해물질 관리의 변화를 이끌고 있다. 따라서 식품을 생산하는 모든 사람들은 내가 사용하는 원료와 제품 속에 유해물질이 있다는 가정하에 관리 계획을 수립하고, 출시까지 여러 단계의 안전 게이트를 만들어 철저히 관리하는 시스템으로 운영해야 한다.

'화학적 유해물질'은 환경오염, 농업, 가공 과정에서 발생한다. 대표적으로 중금속, 잔류농약, 환경호르몬, 식품첨가물, 방사성물질 등이 있다. 중금속은 신경계와 장기에 손상을 줄 수 있으며, 잔류농약은 PSL 제도를 통해 엄격히 관리되고 있다. 환경호르몬과 방사성물질은 건강에 잠재적인 영향을 미칠 수 있어 철저한 관리가 요구된다.

'생물학적 유해물질'은 병원성 미생물, 곰팡이 독소, 기생충, GMO 등이 포함된다. 살모넬라나 대장균 같은 병원성 미생물은 식중독의 주요 원인이고, 곰팡이 독소는 곡물류나 견과류 등에 서식할 수 있어 정기적인 모니터링이 필수적이다. 또한 GMO 성분에 대한 관리와 소비자 정보 제공도 중요하다.

'물리적 유해물질'은 식품 생산 과정에서 발생할 수 있는 금속, 유리, 플라스틱 조각 등 이물질로, 제품 안전과 품질에 직접적인 영향을 미친다. 이러한 이물질은 금속검출기나 X-레이와 비전 초분광 기기를 통해 제거해야 한다. 자연적 오염물과 곤충 혼입도 철저히 관리해야 한다.

가공 과정에서 생성되는 유해물질도 주의가 필요하다. 아크릴아

• **유해물질 체계도**

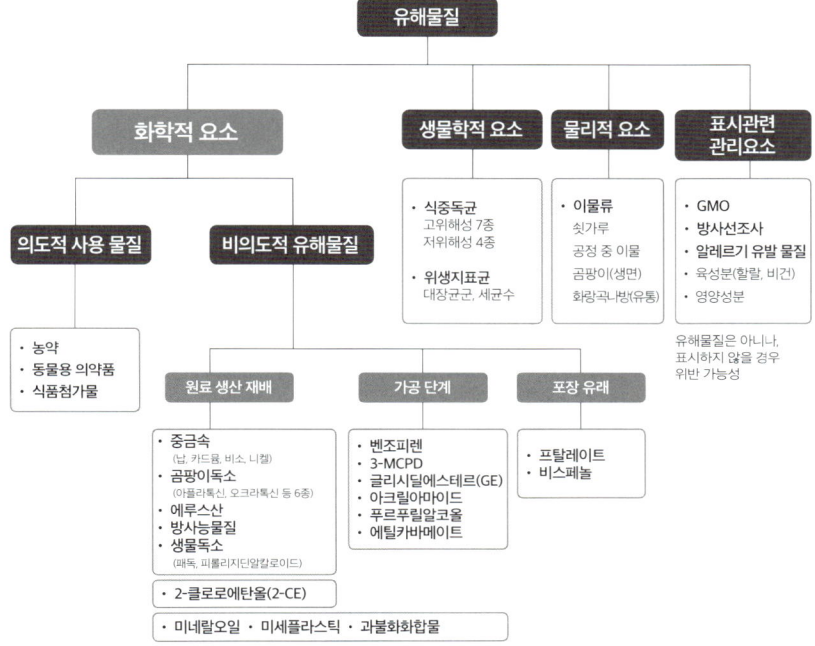

마이드, PAHs 다환 방향족 탄화수소, 트랜스지방, N-니트로소 화합물 등은 고온 가공 시 발생하며, 일부는 발암 가능성이 있어 규제를 통해 관리되고 있다. 이 외에도 알레르기 유발 물질과 포장재에서 나올 수 있는 유해물질은 소비자 건강에 큰 영향을 미치므로 정확한 라벨링과 적절한 포장재 사용이 필수적이다. 다음 그림은 식품안전정보원 발표 〈2023년 글로벌 식품안전 동향 보고서〉의 '식품 유형별 원인 요소 현황'이다.

• **식품 유형별 원인요소 현황**

'23년도 식품유형(대분류)과 원인요소(대분류)를 종합 분석한 결과, 가공식품의 생물학적 원인요소가 가장 많았고, 그다음은 가공식품의 표시광고 위반, 농산물의 화학적 원인요소, 가공식품의 화학적 원인요소 순으로 나타났음.
(출처: 식품안전정보원, 〈2023년 글로벌 식품안전 동향 보고서〉)

제조공정의 위생 및 안전 관리

식품 제조 과정에서 작업자의 위생 의식과 안전 관리에 따라서도 다양한 문제가 발생한다. 언론 보도에 의하면 국내 5대 햄버거 프랜차이즈가 2018~2023년 5년간 총 527건의 식품위생법 위반을 저질렀다.[10] 바닥에 떨어진 빵을 재사용하거나, 음료에서 살아 있는 바퀴벌레가 나오는 등 다양한 위생 문제가 보고되었다. 특히 덜 익힌 고기 패티로 인해 '햄버거병'으로 알려진 용혈성요독증후군이 발병했다는 의혹도 제기되었다

평택에 위치한 대형 식품 제조공장에서 혼합기 끼임 사고가 발생했다. 작업 중이던 직원이 혼합기 내부의 소스를 수작업으로 제거하려다 회전하는 혼합기 날에 팔이 끼여 사망에 이르는 비극적인 사고였다.[11]

이 외에도 이물질 혼입, 포장 불량에 의한 곰팡이 발생, 세균 검출 등 다양한 사건사고가 끊이지 않고 일어나고 있다. 따라서, 식품 제조공정에서의 위생 및 안전 관리는 단순한 품질 관리 차원을 넘어서 소비자 안전과 기업의 지속 가능성을 좌우하는 핵심 요소이다. 이를 위해 철저한 위생 관리 시스템 구축, 정기적인 설비 점검 및 유지보수, 작업자에 대한 체계적인 안전 교육, 그리고 사고 발생 시 신속하고 투명한 대응 체계를 반드시 마련해야 한다. 기업은 이러한 예방적 조치를 통해 위생 및 안전 사고를 최소화하고, 소비자 신뢰도를 높이며, 법적·재정적 리스크를 줄일 수 있다. 이는 기업의 사회적 책임을 다하고 지속 가능한 경영을 실현하는 기반이 된다.

---

10 5대 햄버거 업체, 식품위생법 위반 5년간 500건 넘어, MTN뉴스, 2023.10.13.
11 '제빵공장 사고' SPC 계열사 압수수색, 매일경제, 2022.10.20.

소비자 클레임

소비자는 제품의 포장, 형태, 맛 등 다양한 요소를 꼼꼼하게 평가하는 매우 까다로운 심판관이다. 식품기업은 이러한 소비자들의 평판에 의해 성패가 좌우되므로 작은 결함도 즉각적으로 대응하지 않으

• **클레임 처리 프로세스**

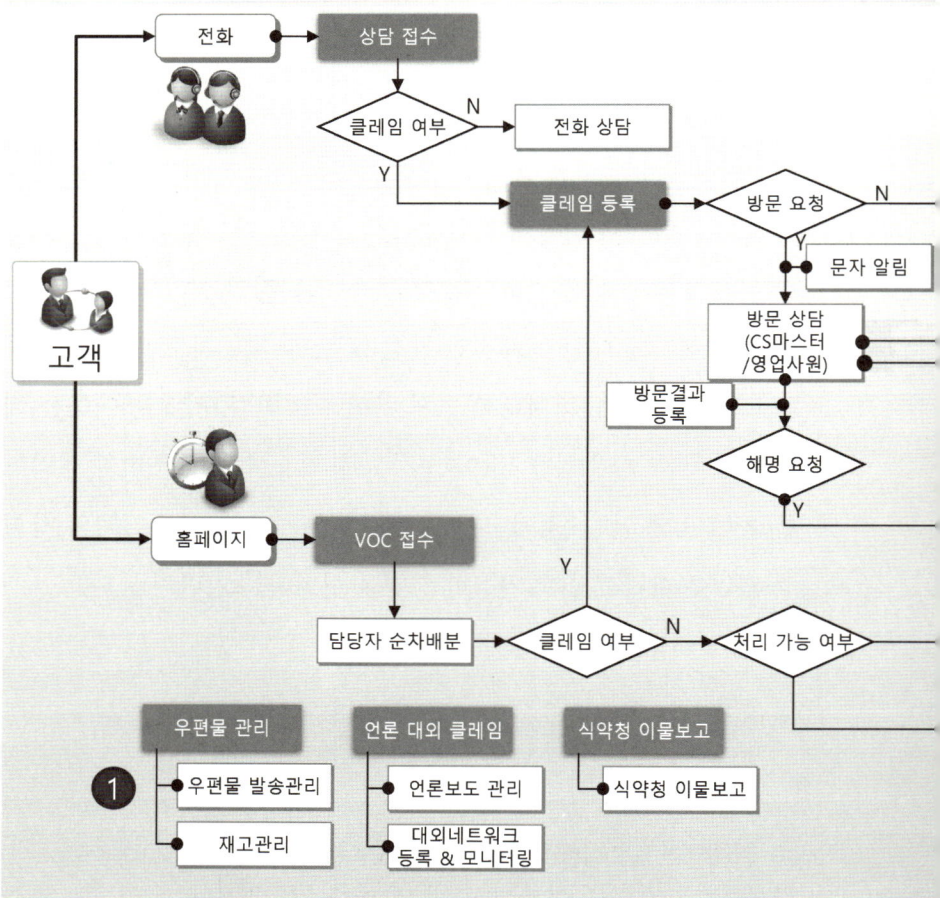

면 시장에서 퇴출될 위험이 크기 때문에 소비자 클레임에 대한 철저한 관리와 신속한 대응이 필요하다. 일반적인 소비자 클레임 처리 프로세스는 다음 그림과 같다.

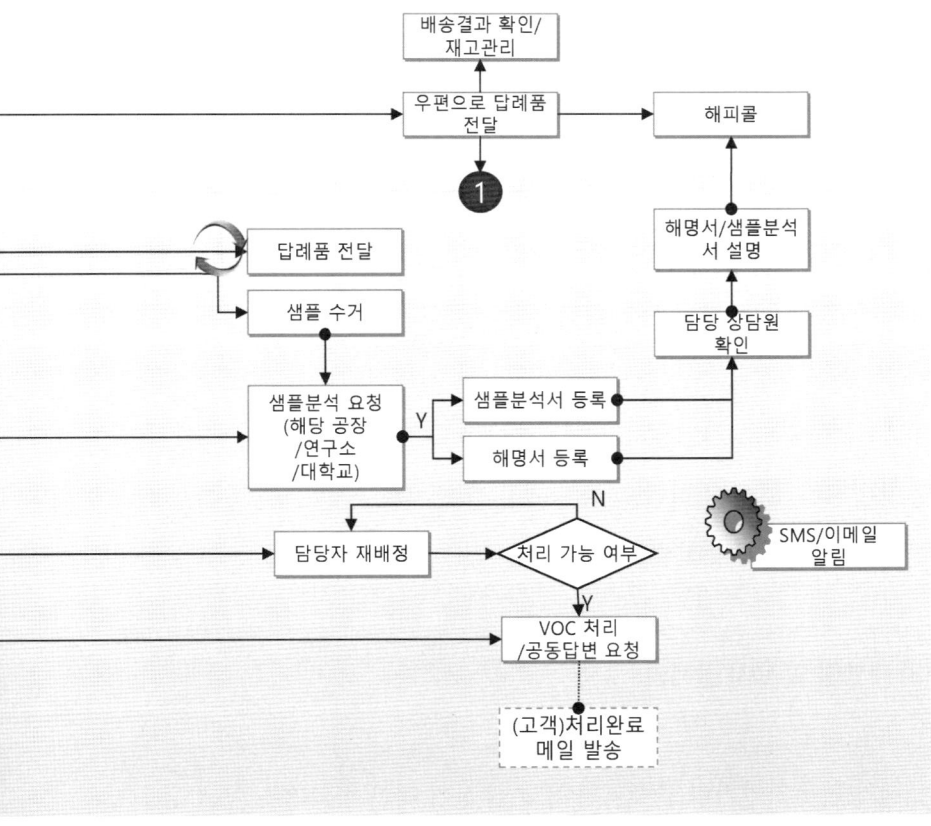

소비자 클레임은 업종과 생산 품목에 따라 여러 유형으로 나뉜다.

(1) 품질 관련 클레임

제품의 맛, 식감, 외관 등 품질이 소비자의 기대에 미치지 못했을 때 발생한다. 제품이 변질되었거나 불쾌한 냄새가 나는 경우, 또는 기대했던 맛과 다를 때 주로 제기된다. 이러한 품질 문제는 소비자 만족도에 직접적인 영향을 미치므로 빠른 원인 파악과 개선이 중요하다.

(2) 이물질 클레임

플라스틱, 머리카락, 금속 조각 등 비식품성 이물질이 제품에 포함되었을 때 발생한다. 이는 소비자의 건강에 직접적인 영향을 미칠 수 있으며, 감정적으로 매우 민감한 사안이다.

우리나라는 2010년 식품위생법 제46조를 통해 이물질 신고를 의무화하였다. 신고를 누락하거나 은폐할 경우 행정적 제재를 받는다. 특히 기생충, 금속, 유리 등의 심각한 이물질이 혼입되면 1차 위반 시에도 품목 제조 정지와 폐기 처분이 내려지며, 반복될 경우 가중처벌된다. 따라서 기업은 이물질 혼입 방지를 위한 철저한 위생 관리와 즉각적인 대응이 필수적이다.

(3) 라벨링 및 표시 클레임

제품의 라벨이나 성분표에 오류가 있을 때 발생한다. 예를 들어, 성분 표시가 잘못되었거나 알레르기 유발 물질에 대한 경고가 누락된 경우다. 건강기능식품과 관련된 허위 또는 과장 광고도 이에 포함되며, 이는 소비자의 건강과 직결되기 때문에 더욱 주의가 필요하다.

이러한 오류는 소비자에게 잘못된 정보를 제공하여 심각한 피해로 이어질 수 있으므로, 제품 출시 전 철저한 검수와 관리가 요구된다. 특히, '식품 등의 표시·광고에 관한 법률' 시행규칙에서는 제조일자 또는 소비기한을 표시하지 않을 경우 1차에 품목 제조 정지 15일과 해당 제품 폐기, 그리고 재발했을 때 가중처벌됨을 명시하고 있다.

(4) 소비기한 및 보관 문제 클레임

제품이 소비기한을 초과했거나 보관 상태가 부적절할 때 발생한다. 냉장 보관이 필요한 제품이 상온에 노출되거나, 소비기한이 지난 제품이 판매된 경우가 이에 해당한다. 이는 제품의 안전성에 대한 불신으로 이어지므로 즉각적인 교환과 환불 조치가 필요하며, 건강상의 문제 발생 가능성도 고려한 적극적인 대응이 요구된다.

(5) 건강 문제 클레임

소비자가 제품을 섭취한 후 식중독, 두드러기 같은 알레르기 반응, 구토나 복통 등 건강에 이상이 생겼을 때 발생한다. 특히 환자나 임산부, 어린이와 같은 건강 약자에게 발생한 경우에는 더욱 신중한 접근이 필요하다. 제품과의 직접적인 관련 여부를 철저히 조사하되, 무엇보다 소비자의 건강 상태를 최우선으로 고려한 대응이 중요하다.

(6) 서비스 관련 클레임

제품 구매 및 주문 과정에서 발생하는 문제로, 온라인 주문 시 배송 지연이나 오배송, 불친절한 고객응대 등이 주요 원인이다. 이러한 서비스 문제는 소비자 경험 전반에 부정적인 영향을 미치기 때문에 신속하고 정확한 응대와 문제 해결이 필요하다.

    소비자 클레임은 식품기업의 신뢰도와 브랜드 이미지에 직접적인 영향을 미치므로, 유형별 특성에 맞는 체계적이고 신속한 대응이 중요하다. 기업은 이러한 클레임을 단순한 불만처리로만 보지 말고, 품질 개선과 서비스 향상을 위한 기회로 삼아야 한다. 이는 소비자 만족도를 높이고, 장기적으로 기업의 경쟁력을 강화하는 핵심 전략이 될 것이다. Part B '리스크 커뮤니케이션'에서 대응 방안을 자세히 소개한다.

법적 규제 리스크

식품기업이 사업을 영위하는 데 있어 최우선적으로 법에 정해진 기준과 규격을 지켜야 한다. 눈에 보이지 않는 기술적인 관리이기 때문에 해당 기업의 기술 수준에 따라 관리 방법의 편차가 심하다.
    2025년 더본코리아는 국민적 관심 속에 승승장구하며 좋은 기업 이미지를 쌓아가던 중에 원산지 표시 위반, 농지법 위반, 여성 지원자 대상의 부적절한 면접 방식으로 비판과 함께 신뢰성까지도 위협받았다. 이와 같이 식품기업은 식품 안전의 문제가 아니라도 법 위반 사실만으로도 오랫동안 어렵게 만들어진 좋은 이미지를 한순간에 무너뜨리며 위기에 빠질 수 있다. 기업의 성장만큼이나 위기 대응에서도 신속하고 일관성 있는 메시지 전달과 대중이 이해할 수 있는 재발 방지 대책 및 개선 계획을 제시해야만 명성을 이어 가고 지속가능한 경영을 할 수 있게 된다.

식품 사업자가 반드시 준수해야 하는 법률은 주로 식품 안전, 위생, 광고 및 표시, 소비자 보호를 목표로 하며, 주요 법률은 다음과 같다.

식품위생법

식품의 제조, 가공, 저장, 유통 과정에서의 위생 관리와 위해식품의 회수, 영업 허가, 시설 기준 등을 규정하고 있다. 위반의 경우 벌금이나 영업정지 처분이 내려질 수 있다.

식품공전

식품의 기준과 규격을 명시한 문서로, 식품을 안전하게 생산하고 유통하기 위한 각 식품군에 대해 허용되는 성분의 종류와 함량, 사용 가능한 식품첨가물의 기준을 상세히 규정하고 있다. 미생물의 허용 기준, 식품의 오염 방지를 위한 위생관리 기준, 식품의 품질과 안전성을 검사하는 방법과 절차를 명시하고 있다. 이는 표준화된 검사 기준을 제공함으로써 일관된 검사 결과를 보장한다. 또한 품질을 유지하고, 허위 표시나 불법 첨가물 사용을 방지하기 위해 필수적이다.

식품첨가물공전

식품에 첨가되어 맛, 향, 색, 질감, 보존성을 향상시키는 화학적 또는 천연 물질로 산화방지제, 보존료, 색소, 향료, 감미료, 유화제 등 다양한 식품첨가물이 분류되어 있다. 각 첨가물에 대해 허용되는 사용량과 사용 조건을 규정하고 있으며, 과다 사용이나 불법적인 첨가물 사용을 방지한다. 새로운 첨가물이 사용되기 전에는 독성학적 평가와 실험을 거쳐 안전성을 확인하고, 이를 바탕으로 허가 여부가 결정된다.

수입식품안전관리 특별법

수입되는 식품과 관련된 안전성을 확보하기 위해 제정된 법률이다. 이 법은 해외에서 생산되어 국내로 들어오는 식품, 식품첨가물, 건강기능식품, 기구, 용기, 포장 등의 안전관리를 강화하고, 소비자를 보호하기 위한 규정을 마련하는 것을 목적으로 한다. 수입 식품의 제조업체나 가공업체는 식품을 수출하기 전에 사전등록을 해야 하며, 수입되는 모든 식품은 국내 기준에 맞는 안전검사를 통과해야 한다.

농수산물의 원산지 표시 등에 관한 법률

농·수·축산물 등의 원산지를 정확하게 표시함으로써, 소비자가 원산지를 명확히 알 수 있도록 한다. 원산지 표시를 제대로 하지 않으면 법적 처벌이 가능하며, 벌금 또는 형사처벌이 적용될 수 있다.

식품 등의 표시·광고에 관한 법률

식품의 올바른 표시와 광고를 통해 소비자가 정확한 정보를 얻도록 한다. 허위·과장 광고 방지를 목적으로 식품의 성분, 소비기한, 원산지, 알레르기 유발 물질 등의 표시를 규정하고 있다. 허위 광고를 할 경우 처벌을 받을 수 있으며, 소비자를 오인하게 하는 광고나 표시 오류에 대해 엄격하다.

축산물 위생관리법

축산물의 안전한 생산과 위생적 취급을 위해 도축, 가공 및 판매 과정에서의 기준을 규정하고 있다. 식육 가공업자와 판매자는 반드시 이 법을 준수해야 한다. 기준 위반 시 벌금 및 영업정지 처분이 가능하며, 냉동 고기를 냉장 상태로 판매하거나, 허가 없이 도축한 축산물의 유통 등은 법적 처벌을 받을 수 있다.

건강기능식품에 관한 법률

건강기능식품의 안전성과 기능성을 관리하며 소비자가 안전하게 사용할 수 있도록 하는 법률이다. 표시 및 광고 기준, 기능성 평가, 안전성 기준 등을 규정한다. 허위 광고나 미인증 제품을 판매할 경우 행정 처분이나 과태료 부과로 이어진다.

소비자기본법

소비자 보호를 위해 식품 사업자가 준수해야 하는 기본적인 책임과 의무를 규정하고 있다. 소비자에게 정확한 정보 제공, 불공정 거래 행위 금지, 소비자 클레임에 대한 신속한 처리 등을 규정한다. 소비자가 제기한 클레임을 무시하거나, 불공정한 거래 행위로 소비자에게 손해를 끼친 경우 민사적 책임을 질 수 있다.

이 외에도 해썹HACCP과 같은 안전 관련 인증제도도 있다. 식품 사업자는 이와 같은 법을 준수하지 않으면 영업정지, 벌금, 형사처벌 등의 제재를 받을 수 있으며, 모든 것에 우선하여 준수되어야 한다.

공급망 리스크

식품기업의 공급망 리스크는 원재료 조달부터 생산, 물류, 최종 소비자에게 이르기까지 전 과정에서 발생할 수 있는 다양한 위험을 포함한다. 특히 글로벌화된 공급망에서는 각 단계에서 다양한 문제가 발생할 가능성이 높아지기 때문에 공급망 리스크 관리는 매우 중요하고 복잡하다. 이러한 리스크는 원재료 조달, 물류, 환경 변화, 정치적 상황 등 여러 요소들이 복합적으로 작용하여 기업의 운영과 성과에 중대한 영향을 미친다.

원재료 조달 리스크

자연재해, 기후변화, 수요 급증 등으로 인해 원재료 공급에 차질이 발생하거나 가격이 급등할 위험을 포함한다. 특히 농산물, 축산물, 수산물과 같은 식품 원재료는 기후변화에 민감하게 반응하므로 공급 안정성이 취약하다. 또한 공급업체의 위생 및 품질 관리 실패, 생산 차질, 경영 악화 등으로 인해 불량 원자재가 공급되거나 공급이 중단될 수 있는 공급업체 리스크도 존재한다. 여기에 더해, 원재료를 조달하는 국가의 정치적 불안정, 무역 갈등, 규제 강화와 같은 정치적 리스크 역시 원활한 공급망 운영을 어렵게 만든다.

물류 및 운영 리스크

물류 과정에서 발생할 수 있는 제품 손상, 배송 지연, 보관 환경의 문제는 제품 품질 저하로 이어지며, 이는 소비자 불만과 브랜드 신뢰도 하락으로 연결된다. 또한 홍수, 태풍, 지진 등의 자연재해는 생산시설이나 물류센터, 운송망에 직접적인 피해를 주어, 공급망 전반에 심각한 차질을 초래할 수 있다.

기후 및 환경 리스크

최근 식품기업이 직면한 주요 리스크 중 하나이다. 기후변화로 인해 농작물 생산량이 감소하거나 원재료 가격이 급등하는 등의 문제가 발생할 수 있으며, 이는 원재료 수급 불안정과 비용 증가로 이어진다. 또한 각국 정부의 환경규제 강화로 인해 생산공정 변경, 친환경

설비투자, 탄소배출 감축 등 추가적인 비용이 발생하는 환경규제 리스크도 기업 운영에 부담을 준다. 더불어, 소비자와 규제기관이 환경친화적인 제품과 지속 가능한 생산공정을 요구함에 따라 추가 원가 상승과 설비투자 부담이 발생하는 친환경 요구 리스크도 증가하고 있다.

이러한 공급망 리스크를 효과적으로 관리하기 위해서는 몇 가지 전략적 대응이 필요하다. 우선, 특정 공급업체나 국가에 대한 의존도를 낮추고, 다양한 공급망을 확보해 원재료 조달 리스크를 분산해야 한다. 이를 위해 글로벌 및 지역 공급업체와의 협력 관계를 강화하고, 대체 원자재 개발도 고려할 필요가 있다. 또한 정기적인 공급업체 평가와 품질관리 강화로 공급업체 리스크를 사전에 차단해야 한다. 물류 리스크에 대비하기 위해서는 물류 경로 다변화와 실시간 물류관리 시스템을 도입하여, 복합적인 공급망 리스크를 통합적으로 관리해야만 예기치 않은 위기를 효과적으로 예방하고 대응할 수 있다. 또한 자연재해 발생 시 즉각적으로 대응할 수 있는 비상계획을 마련해야 한다.

식품 테러 리스크

식품 테러 Food Terrorism 는 고의적으로 식품에 유해물질을 혼입하거나 제조 및 유통 과정에서 위해요소를 조작해 소비자와 사회 전체에 피해를 주는 행위를 의미한다. 이는 특정 개인이나 단체가 정치적, 경제적, 사회적 목적을 달성하거나 특정 기업에 피해를 주기 위해 의도적으로 식품의 안전성을 훼손하는 행위로, 식품기업과 사회 전체에 심각한 리스크를 초래한다.

식품 테러는 다양한 형태로 발생할 수 있다. 가장 대표적인 유형은 유해물질의 고의적 혼입이다. 이는 화학물질, 독성물질, 병원성 미생물, 알레르기 유발 물질 등을 식품에 섞어 소비자의 건강을 위협하는 방식이다. 또한 공급망 조작을 통해 원재료나 완제품에 위해요소를 투입하거나, 유통 과정에서의 조작을 통해 식품의 품질과 안전성을 의도적으로 훼손할 수도 있다. 특히, 유통이 넓고 소비층이 광범위한 대중적인 식품 브랜드일수록 테러의 표적이 되기 쉽다.

식품 테러는 기업에 심각한 피해를 준다. 우선, 소비자의 건강과 생명을 직접적으로 위협해 대규모 인명피해로 이어질 수 있으며, 이는 법적 책임과 막대한 보상 비용으로 연결된다. 또한 사고 발생 시 브랜드 신뢰도는 급격히 하락하고, 제품 불매운동이나 시장 퇴출 등으로 이어질 가능성이 높다. 특히, SNS와 언론을 통해 빠르게 확산되는 정보는 기업의 위기 상황을 더욱 악화시킨다.

식품 테러는 국가적인 식품 안전 시스템과 보건 체계에도 큰 부담을 준다. 대규모 피해가 발생할 경우 국가 차원의 긴급 대응과 조사가 필요하며, 이는 사회적 불안감을 조성하고 경제 전반에 악영향을 미칠 수 있다. 특히, 글로벌 식품 시장에서는 이러한 사건이 국가 이미지에 부정적 영향을 주어 수출에도 타격을 받을 수 있다.

이러한 위험을 예방하기 위해 식품기업은 철저한 관리와 보안 시스템을 갖추어야 한다. 우선, 식품 방어 시스템을 구축해 제조 공정, 원자재 관리, 유통 과정 전반에 걸쳐 외부 침입과 고의적 위해 행위를 차단해야 한다. 또한 공급망 보안 강화를 통해 원재료 공급업체와의 긴밀한 협력과 정기적인 평가를 실시해 잠재적 위험 요소를 사전에 차단해야 한다.

직원 및 외부인력 관리도 중요하다. 직원 채용 시 신원확인 절차를 강화하고, 외부 방문자와 협력업체 직원의 출입을 철저히 통제해야 한다. 또한 내부 직원 대상으로 식품 방어 교육과 훈련을 정기적으로 실시해, 비정상적인 상황을 신속히 감지하고 대응할 수 있는 역량을 키워야 한다.

다시 한번 강조하면, 식품 테러 리스크는 단순한 품질 문제를 넘어 기업의 존립과 사회적 안전을 위협하는 심각한 문제다. 식품기업은 철저한 예방과 대응 전략을 통해 식품 테러 리스크를 예방하고, 소비자와 사회의 안전을 지키는 데 최선을 다해야 한다. 위기 대응 체계를 구축해 사고 발생 시 즉각적인 대응과 피해 확산 방지를 위한 체계적인 절차를 마련해야 한다. 이를 위해 유관 기관과의 협력 체계를 강화하고, 긴급상황 발생 시 신속한 커뮤니케이션과 대응이 가능하도록 대비해야 한다.

4. 리스크 매니지먼트 프로세스

식품기업의 리스크 매니지먼트 프로세스는 위험을 사전에 파악하고, 이를 평가하여 적절한 대응 방안을 수립하는 체계적인 과정이다. 리스크 식별, 리스크 평가, 대응 계획 수립, 모니터링 및 검토, 커뮤니케이션 단계로 진행된다.

리스크 식별

리스크 식별은 기업의 전체 운영 과정에서 발생할 수 있는 잠재적 위험 요소를 체계적으로 탐색하는 과정이다. 이는 특정 위협에 국한된 것이 아니라, 기업의 비즈니스 전반에 걸친 다양한 요인들, 즉 내부 및 외부 환경, 시장, 규제, 생산 과정, 그리고 공급망 등에서 발생할 수 있는 여러 잠재적 위험을 모두 포함한다.

내부 운영 분석

내부 프로세스에서 발생할 수 있는 오류나 관리 부재로 인한 리스크를 식별하는 과정이다. 예를 들어, 생산라인에서의 품질관리 미비, 저장 및 유통 과정에서 발생할 수 있는 문제, 인적 자원의 실수 등이 이에 해당한다. 이는 위협이 아닌 내부 결함에 대한 식별이다.

비즈니스 환경 분석

외부 시장 변화나 경제적 불확실성, 기술 발전 등과 같은 외부 환경 변화를 분석해 그로 인해 발생할 수 있는 리스크를 식별한다. 예를 들어, 새로운 경쟁자가 등장하거나 소비자 취향이 급격히 변화하는 상황은 위협이라기보다 환경적 리스크로 분류된다.

법적 및 규제 리스크 분석

규제 변화나 새로운 법률의 도입으로 인해 기업이 직면할 수 있는 잠재적인 규제 리스크를 파악하는 과정이다. 이는 위협보다 규정 준수의 복잡성이나 규제 변화로 인한 운영 중단 가능성을 식별하는 것이다.

기술적 리스크 분석

기술 변화나 IT 시스템 문제로 인해 발생할 수 있는 리스크를 식별하는 것이다. 예를 들어, 새로운 기술 도입 과정에서의 오류나 보안 취약점 등이 기술적 리스크로 분류된다.

공급망 분석

공급업체의 파산, 자연재해, 혹은 운송 중단 등으로 인해 발생할 수 있는 리스크를 식별하는 과정이다. 이는 특정 위협보다는 전반적인 공급망 시스템 내에서의 문제 발생 가능성을 미리 파악하는 데 중점을 둔다.

평판 리스크 분석

소비자나 대중의 인식, 사회적 책임 이행 여부에 따라 발생할 수 있는 기업의 평판 리스크를 식별한다. 이는 주로 위기 발생 이후 커뮤니케이션 실수나 소비자 신뢰 하락으로 인해 발생할 수 있는 위험을 다루며, 외부 위협과는 구별된다. 대한항공의 '땅콩 회항', 남양유업의 경영권 상실이 선례가 된다.

리스크 평가

리스크 평가는 식별된 리스크의 심각성, 발생 가능성, 그리고 회사에 미치는 영향을 분석하는 과정이다. 이는 리스크 관리의 핵심 단계로, 각 리스크가 어떤 영향을 미칠지를 평가하여, 이를 바탕으로 우선순위를 정하고 대응 전략을 세운다. 리스크 평가를 통해 기업은 중요한 리스크에 자원을 집중하고, 적절한 대응 방안을 수립할 수 있다.

정성적 평가

정성적 평가는 수치화하기 어려운 리스크를 전문가의 의견, 경험, 직관을 바탕으로 평가하는 방법이다. 이는 리스크의 발생 가능성과 영향을 상, 중, 하로 분류하거나 고위험, 중위험, 저위험 등으로 나누어 평가한다.

결과의 심각성	발생 가능성		
	낮음	중간	높음
낮음	매우낮음 리스크	낮음 리스크	중간 리스크
중간	낮음 리스크	중간 리스크	높음 리스크
높음	중간 리스크	높음 리스크	매우높음 리스크

정량적 평가

정량적 평가는 데이터를 기반으로 리스크를 수치화하여 평가하는 방법이다. 주로 발생 가능성과 영향도를 숫자로 측정해 리스크의 크기를 계산한다. 이는 더 구체적이고 객관적인 평가를 가능하게 한다. 확률적 분석 Probability Analysis 은 리스크가 발생할 확률을 계산하고, 그 발생 시 기업에 미치는 경제적 손실을 수치화하여 평가하는 방법이다. 예를 들어, 식품 리콜이 발생했을 때 예상되는 손실액을 추정하는 것과 같다. 그리고 비용-편익 분석 Cost-Benefit Analysis 은 리스크를 관리하거나 대응하는 데 필요한 비용과, 그로 인해 얻을 수 있는 이익을 비교하여 리스크 관리의 필요성을 평가한다.

위험도 점수화

리스크 평가의 한 방법으로, 리스크의 발생 가능성과 영향을 각각 점수화한 후, 이를 곱하여 위험도를 계산하는 방법이다. 이를 통해 각 리스크의 상대적 중요도를 평가할 수 있다. 발생 가능성을 1~5점으로 평가 1점은 가능성 낮음, 5점은 가능성 매우 높음 하고, 영향도를 1~5점으로 평가 1점은 영향 작음, 5점은 영향 매우 큼 하여, 발생 가능성과 영향도를 곱하여 최대 25점 5x5 의 리스크 점수를 산출하고, 이 점수에 따라 리스크의 심각도를 구분한다.

민감도 분석

다양한 변수들이 리스크에 미치는 영향을 분석하는 방법이다. 예를 들어, 식품 원자재 가격 변동이 기업에 미치는 영향을 평가할 때, 가격 변동률에 따라 수익성이나 비용 구조가 어떻게 변화할지 분석하여 리스크를 평가한다.

벤치마킹

유사한 산업이나 기업과 비교하여 리스크를 평가하는 방법이다. 다른 식품기업에서 경험한 리스크와 그 대응 방안을 참고하여 자사 리스크의 심각성을 평가할 수 있다.

🌸 대응 계획 수립

대응 계획 수립은 식별된 리스크가 발생할 가능성과 그 영향을 줄이거나 완화하기 위한 전략과 절차를 구체적으로 설계하는 과정이다. 이 계획을 통해 기업은 위기 상황에 신속하게 대응할 수 있으며, 피해를 최소화할 수 있다. 대응 계획은 리스크의 발생 가능성, 영향도, 그리고 기업의 자원과 역량을 고려하여 수립된다.

리스크의 우선순위에 따른 대응 전략

리스크 평가 단계에서 우선순위가 높은 리스크에 대해 먼저 대응 방안을 수립한다. 발생 가능성이 크고, 영향도가 높은 리스크는 예방적인 조치와 더불어 비상 대응 계획을 포함한 강력한 대책이 필요하다. 식품 안전 문제가 가장 중요한 리스크로 평가되었다면, 철저한 품질관리 시스템과 즉각적인 리콜 절차를 마련한다.

예방적 조치

리스크가 발생하기 전에 이를 사전에 방지하기 위한 예방적 조치를 수립한다. 이는 리스크의 발생 가능성을 낮추는 방법으로, 생산 과정에서의 품질관리 강화, 위생기준 준수, 공급망의 다변화 등이 포함된다. 생산라인에 HACCP 시스템 도입, 주요 공급업체 외에 대체 공급망 확보 등이 해당된다.

비상 대응 계획

리스크가 실제로 발생했을 때 신속하게 대응할 수 있도록 비상 대응 계획을 세운다. 이는 리스크 발생 시 기업의 피해를 최소화하고, 문제를 빠르게 해결하는 데 중점을 둔다. 식품 리콜 발생 시 리콜 절차, 대중과의 커뮤니케이션 전략, 관련 기관과의 협력 방안 등을 구체화한다.

위기 커뮤니케이션 전략

리스크 발생 시 소비자, 규제기관, 내부직원, 협력업체 등 다양한 이해관계자와의 효과적인 소통을 위한 커뮤니케이션 계획을 수립한다. 리콜이 발생하면 소비자에게 신속하게 문제를 알리고, 대응 방법을 설명하는 동시에, 규제기관에 즉시 보고하고, 협력하여 문제를 해결한다. Part B '리스크 커뮤니케이션'의 내용을 참고하기 바란다.

복구 계획

리스크로 인해 피해를 입었을 때, 기업이 빠르게 정상 운영으로 돌아갈 수 있도록 복구 계획을 마련한다. 이는 리스크로 인한 손실을 최소화하고, 기업의 운영을 신속히 재개하는 데 중점을 둔다. 공급망 중단 시 대체 공급업체를 빠르게 가동하거나, 생산 중단 시 비상 생산시설을 사용하는 계획을 세운다. Part C '리스크 리빌딩'에서 자세히 설명할 예정이다.

교육 및 훈련

대응 계획이 효과적으로 작동하기 위해서는 직원들에게 적절한 교육과 훈련을 제공해야 한다. 정기적으로 위기 대응 훈련을 실시하여, 실제 상황에서 직원들이 적절하게 대응할 수 있도록 준비시킨다. 위기 발생 시 각 부서의 역할과 책임을 명확히 하고, 실제 위기 상황을 가정한 모의훈련을 정기적으로 실시한다. Part C의 '위기 대응 모의훈련' 내용을 참고하기 바란다.

모니터링 및 업데이트

대응 계획은 고정된 것이 아니라, 변화하는 환경에 맞게 주기적으로 검토하고 업데이트해야 한다. 새로운 리스크가 발생하거나, 기존 리스크가 변화할 경우 대응 계획도 이에 맞게 조정된다. 새로운 규제가 도입되거나, 기술적 변화가 있을 경우 대응 계획을 검토하여 적절히 수정한다.

리스크 분산 전략

리스크를 완전히 제거할 수 없는 경우, 리스크를 분산시키는 전략을 통해 기업이 받는 영향을 줄인다. 이는 보험 가입, 계약 조항 변경 등을 통해 일부 리스크를 외부 기관이나 계약 상대방에게 전가하는 방식이다. 자연재해나 생산 중단을 대비해 보험에 가입하거나, 공급업체와 계약 시 리스크 분담 조항을 삽입한다.

❀ 모니터링 및 검토

지속적인 모니터링과 검토가 필요한 이유는 식품기업의 위기는 언제 어디서든 발생할 수 있기 때문이다. 식품 안전 및 품질 문제를 사전에 예방하고, 신속하게 대응하기 위해 위협 요소를 조기에 발견해야 한다. 시간이 있을 때 하는 업무가 아니라 항상 주시하고 있어야 하는 것으로, 모니터링은 24시간 쉬지 않고 업무가 가능한 AI 기반의 자동화 시스템을 구축하는 것이 바람직하다. 상시적으로 위기 발생 시 신속한 조치를 취할 수 있도록 체제를 유지하기 위함이다.

모니터링

리스크가 발생할 가능성이 있는 상황이나 조건을 지속적으로 추적하고 분석하는 과정이다. 이를 통해 발생할 수 있는 리스크를 조기에 발견하고, 적시에 대응할 수 있다. 모니터링은 리스크가 지속적으로 변화하는 상황에서 실시간 정보 수집을 통해 기업이 빠르게 대응할 수 있는 기반을 제공한다.

　리스크를 감지할 수 있는 주요 성과 지표를 설정한다. 원재료 품질, 생산공정 중 온도와 습도, 공급망 위생 상태 등에 대해 센서, IoT, 실시간 리포팅 시스템 등을 통해 실시간 데이터를 수집하여, 리스크가 발생할 수 있는 초기 징후를 감지하고, 설정된 기준을 초과하거나 기준에 미달하는 비정상적인 데이터를 실시간으로 분석하고, 경고 시스템을 통해 이를 보고한다. 그리고 내부적으로는 생산공정 및 품질관리를 모니터링하고, 외부적으로는 소비자 피드백, 시장 동향, 경쟁사 이슈, 글로벌 안전 정보 등을 모니터링하여 잠재적인 외부 리스크를 감지한다. Part C '리스크 리빌딩'에서 자세히 설명할 예정이다.

검토

리스크 대응 과정에서 수집된 데이터를 기반으로 위험도를 계산하고, 리스크 대응 전략의 효과를 평가한다. 그리고 필요한 경우 개선 조치를 취하는 과정이다.

검토는 대응 프로세스의 성공 여부를 분석하고, 향후 리스크를 더 효과적으로 관리하기 위한 피드백을 제공한다. 리스크 발생 빈도, 대응 시간, 문제 해결 여부 등을 분석하여 대응의 성공 여부를 측정하고, 개선할 수 있는 영역을 찾는다. 대응 과정에서 발생한 문제점이나 예상치 못한 리스크를 식별하고, 그 원인을 분석하여 다음 대응에서 동일한 문제가 발생하지 않도록 조치한다. 검토 결과를 바탕으로 리스크 대응 계획을 수정하거나 새롭게 도입한다. 또한 새로운 리스크가 발견된 경우 이를 반영해 대응 전략을 강화한다.

❋ 커뮤니케이션

리스크 대응 프로세스에서 커뮤니케이션은 리스크에 대한 단순한 정보 전달이 아니라, 정보를 효과적으로 전달하고 이해관계자 ^{내부직원, 고객, 공급업체, 규제기관 등} 들과의 소통을 통해 신뢰를 구축하며, 불확실성을 제거하고 적시에 올바른 대응을 할 수 있도록 돕는 중요한 단계다. 명확하고 일관된 커뮤니케이션 전략을 통해 리스크에 대한 오해를 방지하고, 기업의 대응력을 극대화할 수 있다. Part B '리스크 커뮤니케이션'에서 자세히 설명한다.

5. 위기 대응 매뉴얼

위기 대응 매뉴얼은 기업이 예상치 못한 위기 상황에서 신속하고 체계적으로 대응할 수 있도록 돕는 중요한 도구이다. 기업은 다양한 리스크에 직면할 수 있으며, 이러한 위기 상황에서 적절한 대응을 하지 못하면 소비자의 신뢰 상실, 브랜드 이미지 훼손, 재정적 손실, 법적 책임 등 막대한 피해를 입을 수 있다. 따라서 기업의 업종, 조직 구성, 문화에 맞는 위기 대응 매뉴얼을 마련하고 이를 철저히 실행하는 것이 필수적이다.

위기 대응 매뉴얼은 조직 전체가 위기 상황에서 혼란 없이 일관된 방향으로 대응하도록 표준화된 업무 가이드라인을 제공한다. 이는 조직 구성원들이 리스크에 대한 인식을 공유하고, 각자의 역할과 책임에 따라 신속하게 행동하도록 유도한다. 특히 기업의 평판과 이미지는 위기 상황에서 빠르게 영향을 받을 수 있으므로, 사전 준비된 매뉴얼을 기반으로 신속하고 정확하게 대응하는 것은 기업의 지속 가능성과도 직결된다.

위기 대응 매뉴얼은 단계별로 위기의 심각도에 따라 구체적인 대응 전략을 제시한다. 위기의 크기와 위험도에 따라 1단계 팀 차원의 대응, 2단계 부문 차원의 대응, 3단계 전사 차원의 대응, 4단계 그룹 차원의 대응 로 구분하여 각 단계별로 체계적인 대응 방안을 마련해야 한다. 이러한 단계별 대응 체계는 상황의 심각성에 따라 유연하고 효율적인 대응을 가능하게 한다. 또한, 각 단계에서 리더는 상황 전개를 정확히 파악하고, 단계별 상황에 맞는 판단과 보고 체계를 유지해야 한다. Part C의 '위기 대응 모의훈련' 편에서 단계별 상황과 부서별 역할을 참고하기 바란다.

❋ 위기 대응 매뉴얼의 기본 원칙

이러한 매뉴얼이 효과적으로 작동하기 위해서는 몇 가지 중요한 작성 원칙을 준수해야 한다.

기업 특성과 조직 구조를 반영한 맞춤형 매뉴얼 작성

모든 기업은 업종, 규모, 조직문화 등이 다르기 때문에 이에 맞는 실질적이고 실행 가능한 대응 방안을 마련해야 한다. 각 부서의 역할과 책임을 명확히 구분하고, 실무자부터 최고경영자까지 단계별로 수행해야 할 업무를 구체적으로 제시해야 한다.

리스크 유형별 구체적인 대응 절차 마련

식품 안전, 품질 문제, 공급망 차질, 법적 리스크 등 기업이 직면할 수 있는 다양한 리스크를 사전에 식별하고, 각 리스크에 따른 대응 절차를 구체적으로 수립해야 한다. 특히 리스크 발생 가능성과 심각도에 따른 대응 방안은 현실적이고 실효성 있게 설계되어야 한다.

단계별 대응 체계 구축

위기의 심각도에 따라 팀 차원에서 해결 가능한 문제부터 그룹 전체가 동원되어야 하는 문제까지 체계적으로 구분하고, 각 단계에서 어떤 부서와 인력이 어떤 방식으로 대응할지 명확히 해야 한다. 이러한 단계별 대응은 위기의 확대를 방지하고, 효율적인 자원 분배와 빠른 문제 해결을 가능하게 한다.

명확한 역할과 책임 분담

위기 상황에서는 빠르고 정확한 의사결정과 실행이 필요하므로, 각 부서와 개인의 역할을 명확하게 정의해야 한다. 특히 최고경영진과 현장 실무자 간의 책임 구분이 분명해야 하며, 이를 통해 의사결정 지연이나 책임 회피를 방지할 수 있다.

효과적인 커뮤니케이션 전략 수립

위기 상황에서는 정확하고 일관된 메시지를 내부 직원과 외부 이해관계자 소비자, 협력사, 규제기관, 언론 등 에게 신속하게 전달하는 것이 매우 중요하다. 잘못된 정보가 확산되거나 대응이 지연되면 기업의 신뢰도에 치명적인 타격을 줄 수 있으므로, 위기 발생 시의 빠르고 투명한 커뮤니케이션 체계를 마련해야 한다.

법·규제 준수

기업은 위기 상황에서 법적 책임과 규제 리스크를 최소화하기 위해 관련 법규와 규정을 철저히 준수해야 한다. 이를 위해 법무팀과 협력하여 위기 발생 시 법적 대응 절차를 명확히 하고, 규제기관과의 소통 채널을 확보해야 한다.

지속적인 점검 및 업데이트

위기 대응 매뉴얼은 한 번 작성한다고 끝나는 것이 아니라, 정기적인 검토와 업데이트를 통해 변화하는 환경과 리스크에 적합하도록 유지해야 한다. 특히 새로운 리스크가 발생하거나 법·규제 환경이 변화할 경우 즉각적으로 반영해야 한다. 또한 정기적인 모의훈련을 통해 매뉴얼의 실효성을 검증하고, 개선점을 도출해 반영해야 한다.

외부 전문가와의 협력 방안 마련

법률 전문가, 품질 및 안전 전문가, 위기 커뮤니케이션 전문가 등 외부 전문가와의 협력은 위기 대응의 전문성을 높이고, 문제 해결의 객관성을 확보하는 데 도움이 된다. 특히 법적 분쟁, 품질 이슈, 언론 대응 등 복합적인 위기 상황에서는 외부 전문가의 역할이 매우 중요하다.

위기 대응 매뉴얼은 단순한 지침서가 아니라 기업의 생존과 직결되는 필수 전략이다. 체계적인 위기 대응 매뉴얼을 기반으로 기업은 다양한 리스크에 효과적으로 대응하고, 소비자와 이해관계자의 신뢰를 유지하며, 법적·재정적 손실을 최소화할 수 있다. 이를 위해 기업은 철저한 리스크 분석, 명확한 역할 분담, 실효성 있는 대응 전략, 일관된 커뮤니케이션 체계를 갖춘 실질적이고 실행 가능한 위기 대응 매뉴얼을 수립해야 한다.

6. 위기 대응 우수 사례

　삼양식품은 2024년 6월 덴마크에서 발생한 불닭볶음면 제품 리콜 사태에 대해 식품의약품안전처와 신속하고 체계적으로 대응했다. 특히, 과학적이고 객관적인 근거와 자료를 만들어 국제 기준에 부합하는 결과와 리스크 평가 자료를 제공했으며, 외부 검증기관과 협력해 자료의 신뢰성과 객관성을 확보했다. 또한 정부기관의 도움을 받아 덴마크 정부와 원활히 소통함으로써 공신력과 신뢰도를 높여 성공적으로 리콜을 해제할 수 있었다.

　이 사례에서는 무엇보다 문제가 발생했을 때 신속하게 과학적 근거 자료를 수집하고, 이를 통해 제품의 안전성을 입증한 점이 주요했다. 또한 식약처와의 긴밀한 협력을 통해 정부기관 간 외교적 협상을 효과적으로 진행한 점도 주요했다. 이는 단순히 문제 해결을 넘어 향후 글로벌 시장에서의 신뢰도를 유지하고 강화하는 기반이 될 것으로 기대된다.

🌸 이슈 발생 및 대응 경과

삼양식품의 '불닭볶음면'은 해외에서 큰 인기를 끌며 K-푸드 대표 상품으로 자리 잡고 있던 가운데, 2024년 6월 11일 덴마크 수의식품청 DVFA이 '너무 맵다'는 이유로 일부 제품 핵불닭볶음면 2x, 3x, 불닭볶음탕면에 대해 리콜을 통보하면서 상황이 급변했다. 이 조치는 언론과 인터넷을 통해 전 세계에 동시에 소식이 확산되었고, 브랜드 이미지와 수출에 심각한 타격을 줄 수 있는 위기 상황으로 번졌다.

이에 대해 삼양식품과 한국 식약처는 신속히 대응 방안을 마련하고, 6월 19일 DVFA에 공식 서한을 전달하여 제품의 위해성과 리콜 사유에 대한 과학적 근거 자료를 요청하였다. 이어 7월 1일에는 독일 연방위해평가원 BfR 과의 협의를 통해 매운맛의 위해성 판단 기준과 리콜의 타당성을 검토하였다.

7월 3일에는 덴마크 측과의 추가 미팅을 통해 해당 조치가 일부 캡사이신 함량 분석 결과에 따른 오류 판단에서 비롯되었음을 설명하고, 평가 자료의 보완을 요청하였다. 결국 덴마크 수의식품청은 이를 수용하여 7월 15일부로 불닭볶음탕면과 핵불닭볶음면 2× 제품에 대한 리콜을 해제하였다.

이 이슈는 초기 대응의 신속성, 과학적 근거에 기반한 설득, 정부와의 유기적 협력이 조화를 이루며 브랜드 신뢰를 지켜낸 사례로 평가된다.

DVFA의 분석 오류와 그에 대한 대응

DVFA는 매운맛의 강도를 위해성과 직접 연결 지으며, 특정 성분 캡사이신의 수치가 건강에 유해할 수 있다는 분석 결과를 근거로 제시했다. 그러나 이 분석은 다음과 같은 오류를 포함하고 있었다.

첫째, DVFA는 액상소스 원액 기준의 스코빌지수 SHU 를 전체 섭취 기준으로 오인하여 실제 섭취 맥락을 고려하지 않았다. 불닭볶음면은 조리 시 물에 면을 삶고, 물을 따라 낸 후 소스를 넣어 비비는 형태로 제공되며, 조리 과정과 섭취 방식에 따라 매운 정도는 크게 달라진다. 실제 조리 후 제품의 평균 스코빌지수는 약 250 SHU 수준으로, 극도로 매운 제품과는 비교가 어렵다.

둘째, 전체 용량을 한 번에 섭취하는 것을 전제로 판단한 점도 오류였다. 소비자들은 일반적으로 맵기 정도에 따라 섭취량을 조절하며, 심지어 일부는 소스를 전부 넣지 않거나 다른 재료와 함께 섭취하기도 한다. 반면, DVFA는 조리 및 섭취 방식을 고려하지 않은 채 단순 수치로 위해성을 판단하였다.

이에 대해 한국 식약처와 삼양식품은 DVFA 측에 조리 후 매운맛 수치와 실제 섭취 방식을 반영한 자료를 제공하고, 독일 BfR 등 다른 유럽 국가의 식품안전기관 평가 기준을 참고하여 비교 설명하였다. 또한 글로벌 소비 행태와 제품 포지셔닝을 기반으로 제품의 안전성을 입증하였고, 결국 DVFA는 이를 수용해 7월 15일 해당 제품의 리콜을 해제했다.

글로벌 비교 사례 제시

불닭볶음면과 같은 맵기 있는 제품은 한국뿐 아니라 전 세계적으로 인기 있는 '매운맛 간편식' 트렌드를 반영한다. 예컨대, 미국의 '원칩 챌린지 One Chip Challenge' 제품은 약 220만 SHU에 달하는 초고강도 매운맛을 지닌 제품으로, 별도의 조리 없이 바로 섭취하게 되어 있어 단시간에 극도의 자극이 전달된다. 이는 일반 소비자를 대상으로 하는 식사용 제품이 아니라 '챌린지용' 콘텐츠 중심 제품이다.

반면, 불닭볶음면은 조리 후 섭취하는 식사용 제품으로, 소스 기준으로는 약 4,000 SHU이지만 조리 후 섭취 시 매운맛은 약 250 SHU 수준으로 크게 낮아진다. 또한 조리 및 섭취 방식에 따라 매운맛 조절이 가능하다. 이처럼 글로벌 시장에는 다양한 맵기 제품이 유

 원칩 VS  불닭볶음면

스코빌지수	약 220만 SHU	약 4,000 SHU (액상소스 기준)
섭취용도	챌린지	식사용, 간식용
조리방법	별도 조리 없음	면을 끓여서 면과 소스를 비비는 형태
섭취방법	한 번에 전체 섭취	조금씩 나누어 섭취, 너무 매울 시 섭취 중단 가능, 조리방법 선택 가능
실제 체감 스코빌지수	약 220만 SHU 동일	조리 후 약 250 SHU

통되고 있으며, 제품의 용도 챌린지용 vs. 식사용, 조리 방식, 섭취 방법 등 종합적인 요소가 위해성 판단 기준이 되어야 한다.

    삼양식품은 이러한 글로벌 사례를 바탕으로, 불닭볶음면이 극단적인 매운맛 제품과는 성격이 다르며, 소비자가 자율적으로 섭취량을 조절할 수 있다는 점을 강조하여 리콜 해제라는 성과를 이끌어냈다.

과학적 근거 자료 확보

DVFA의 불닭볶음면 리콜 조치에 대해, 삼양식품과 식품의약품안전처는 과학적 사실에 기반한 대응을 위해 조리 후 실제 섭취 기준의 캡사이신 함량 분석 자료를 확보하고 이를 근거로 반박 자료를 제시하였다.

    2024년 6월 26~27일, 식품의약품안전평가원과 한국식품산업

협회의 식품과학연구원은 조리된 라면에서의 실제 섭취 캡사이신 함량 분석을 실시하였다. 그 결과는 다음과 같은 과학적 사실에 기반하였다.

- 라면은 조리 과정을 거친 후 섭취하며, 이 과정에서 캡사이신의 상당량이 제거되거나 희석된다.
- 소비자는 매운맛 정도에 따라 소스 양을 조절하거나 섭취량을 나눠서 조절하는 경향이 있다.

따라서 전제 조건 없는 '제품 전체 기준'의 위험성 판단은 현실적이지 않으며, 실제 섭취 조건을 고려해야 한다.

또한, DVFA의 분석이 다음과 같은 세 가지 오류를 범했음을 지적하였다.

- 캡사이신 분석을 실제로 실시하지 않고, 온라인상 스코빌지수 자료만을 근거로 리콜 판단을 내렸으며,
- 총 중량(140g)을 기준으로 캡사이신 함량을 역산하여 스코빌지수와 부정확하게 비교하였다. (실제 캡사이신은 약 3g 소스 기준에서 측정되어야 함)
- 조리 여부 및 섭취 방식(나눠 먹기, 양 조절 등)을 고려하지 않고, 전체 제품 섭취를 전제로 위해성을 산출하였다.

이에 따라 한국 식약처는 DVFA에 보고서 재검토 및 대면 미팅

• **2024.07.11 DTU 식품연구소 최종 보고서**

[총 캡사이신 함량 최종 분석결과]

제품명	제품당 총 캡사이신 함량 (mg/pack)
3X 핵불닭볶음면	25.9mg
2X 핵불닭볶음면	7.8mg
불닭볶음탕면	6.3mg

총 캡사이신 함량의 위험 초래 기준 <u>11.8mg</u> 미만

을 요청하고, 삼양식품은 현지 법률 자문을 통해 법적 검토와 설명, 그리고 조리 후 과학적 실측 데이터를 기반으로 DVFA에 리콜 해제를 요청하였다.

규제기관 정부 간 협상

덴마크 식품당국 DVFA 의 불닭볶음면 리콜 조치에 대해, 식품의약품안전처는 단순히 민간 기업 차원의 대응을 넘어서 정부 대 정부 G2G 차원의 규제기관 간 협상을 병행하며 사태 해결에 적극적으로 나섰다.

2024년 7월 1일, 식약처는 독일 연방위해평가원 BfR 과의 미팅을

통해 국제적 공신력을 가진 과학적 평가 결과를 확보하였다. BfR은 덴마크기술대학 DTU 의 연구 결과를 인용하며, 해당 제품에 사용된 캡사이신 함량 11.8~59.3mg 이 국제 기준에서 특별히 문제가 되지 않으며, 조리와 섭취 방식에 따라 실제 섭취량은 현저히 감소한다는 의견을 제시하였다. 또한, 단일 제품의 경고 표시 또는 리콜 여부는 실제 섭취 방식과 섭취량을 고려하여야 하며, 정확한 위해평가를 위해서는 실측 데이터와 과학적 접근이 필요하다는 점을 강조하였다.

이를 바탕으로, 식약처는 7월 3~4일 덴마크 식품청 DVFA 과의 직접 미팅을 통해 BfR의 의견과 조리 방식 차이, 총 캡사이신 함량 오류, 실제 분석 자료 등을 제시하고 재평가를 공식 요청하였다. 특히, 온라인상 스코빌지수만을 기준으로 판단한 초기 평가의 오류를 지적하고, 총 함량이 아닌 실제 섭취량 기준의 재해석 필요성을 강조하였다.

그 결과, DVFA는 식약처의 과학적 설명과 국제 기관 BfR 의 분석 내용을 수용하여 7월 15일부로 불닭볶음면 제품에 대한 리콜을 해제하였다. 이 사례는 규제기관 간의 협의와 과학 기반의 국제 공조가 식품 리스크 대응과 수출기업 보호에 핵심 역할을 할 수 있음을 보여준 대표적 협상 사례이다.

이와 같이 국가 간 식품 규제는 자국의 문화에 기반한 것이기 때문에 규제 항목과 기준 규격이 다르고 내용의 해석에도 차이가 있다. 따라서, 각국의 식품 안전 관련 법률을 지속적으로 모니터링하고, 변화하는 규제에 즉각 대응할 수 있는 내부 프로세스를 구축해야 한다. 문제 발생 시 신속한 대응을 위해 현지 유통업체 및 법률 전문가와의 긴밀한 협력 체계를 유지하는 것도 중요하다. 이번 사례와 같이 개별 기업의 대응만으로 한계가 있기 때문에, 정부기관과 긴밀한 협력을 통해 국제 시장 진입의 장벽을 최소화하고 안정적인 수출 기반을 구축해야 한다.

7.
대기업과 중소기업의 리스크 관리

대기업과 중소기업의 리스크 관리는 규모, 자원, 관리체계에 따라 차이가 크다. 양쪽 모두 리스크 관리는 필요하지만, 그 접근 방식과 대응 전략은 기업의 크기와 자원에 따라 달라진다.

대기업과 중소기업은 리스크 관리에서 서로 다른 접근 방식과 전략을 취하며, 이는 주로 기업의 규모, 자원, 복잡성, 그리고 의사결정 체계의 차이에서 비롯된다. 대기업은 장기적이고 체계적인 리스크 관리가 가능하지만, 중소기업은 유연하고 신속한 대응이 필요하다.

✿ 조직적 구조와 자원

대기업과 중소기업은 리스크 관리의 조직적 구조와 자원에서 큰 차이를 보인다. 대기업은 리스크 관리에 전담 부서를 두거나 전문 인력을 고용하여 체계적인 조직을 운영한다. 전담 리스크 매니저, 법무팀, 내부 감사팀을 운영하며, 리스크 식별, 평가, 대응을 위한 프로세스와 IT 시스템을 활용하여 리스크를 체계적으로 관리할 수 있다.

이에 반해, 중소기업은 자원이 제한적이기 때문에 리스크 관리를 경영진이나 소수의 관리자가 겸임하는 경우가 많다. 중소기업에서는 리스크 관리가 다른 운영 활동과 병행되어 이루어지는 경우가 많고, 전담 조직을 갖추기 어려운 현실이 있다. 대신, 외부 컨설팅을 활용하거나 경영진의 경험을 바탕으로 리스크 관리를 진행한다.

❋ 자원의 가용성

대기업은 자금, 기술, 인적 자원 등이 충분하여 고급 분석 도구와 외부 전문가를 쉽게 활용할 수 있다. 이를 통해 대기업은 글로벌 시장에서 활동하면서 각국의 법률과 규제 변화를 빠르게 인식하고 대응할 수 있다. 예를 들어, 대기업은 리스크 관리 소프트웨어, 외부 컨설팅, 법률 자문을 적극적으로 활용해 리스크를 미리 예측하고 대비한다.

반면, 중소기업은 제한된 자원으로 인해 리스크 관리에 대한 투자 여력이 부족하며, 주로 단기적이고 즉각적인 리스크 대응에 집중한다. 중소기업은 고급 분석 도구 대신 수작업이나 간단한 툴을 활용하여 리스크 평가와 대응을 진행하는 경향이 있다.

범위와 복잡성

대기업은 글로벌 시장에서 활동하기 때문에 그들의 리스크 범위와 복잡성은 매우 크고 다양하다. 복잡한 글로벌 공급망과 다양한 이해관계자, 여러 국가의 법률 및 규제에 대응해야 하므로 대기업은 환율 변동, 국제 규제, 글로벌 공급망의 중단 등 여러 유형의 리스크에 노출된다. 예를 들어, 글로벌 규제나 무역 제한 조치 등이 대기업에 미치는 영향은 매우 크다.

중소기업은 주로 로컬 시장에서 활동하며, 공급망도 비교적 단순하여 리스크 범위가 좁고 복잡성도 덜하다. 중소기업은 주로 현금흐름 문제, 단일 공급업체 의존도, 제한된 시장에서의 판매 감소 등의 리스크에 직면하는 경우가 많다.

대응 전략

대기업은 장기적인 리스크 예측과 예방 조치를 포함한 전략적 접근을 취하는 반면, 중소기업은 주로 단기적이고 즉각적인 대응에 중점을 둔다. 대기업은 자금과 자원의 여유가 있어 리스크를 회피하거나 전가하는 등의 장기적 예방 조치를 체계적으로 수립할 수 있다. 예를 들어, 대기업은 보험 가입을 통해 리스크를 분산시키거나, 다국적 공급망을 다변화하여 리스크를 완화하는 전략을 사용한다.

이에 반해, 중소기업은 자원의 제약으로 인해 장기적 예방 조치보다는 즉각적인 대응을 선택할 수밖에 없다. 예를 들어, 중소기업은 문제 발생 시 자발적 리콜을 시행하거나 임시 계약을 통해 공급망 문제에 대처하는 등 상황에 즉각적으로 대응하는 경향이 있다.

식별 및 평가 방법

대기업은 정량적 분석과 정성적 분석을 모두 활용하여 리스크를 평가한다. 데이터 기반의 예측과 다양한 분석 기법을 활용하여 리스크를 보다 정확하게 파악하고 대비할 수 있다. 예를 들어, 대기업은 리스크 매트릭스, 몬테카를로 시뮬레이션과 같은 고급 분석 도구를 사용하여 리스크를 분석하고, 이를 기반으로 리스크 대응 전략을 수립한다. 반면, 중소기업은 주로 경험적 판단과 간단한 정성적 평가에 의존하며, 데이터 수집 및 분석 능력이 제한적이다. 중소기업에서는 리스크 평가 시 간단한 리스크 매트릭스를 사용하거나 경영진의 경험에 기반한 판단을 통해 리스크를 평가하는 경향이 있다.

대응 속도

리스크 대응 속도에서도 대기업과 중소기업의 차이가 나타난다. 대기업은 체계적인 절차와 시스템을 갖추고 있지만, 의사결정 구조가 복잡하고 계층이 많기 때문에 초기 대응 속도가 느려질 수 있다. 대기업은 다양한 부서와 이해관계자가 관련되어 있기 때문에 빠른 결정이 어려운 경우가 많다.

중소기업은 의사결정 구조가 단순하고 경영진의 즉각적인 판단에 따라 움직일 수 있어 초기 대응 속도는 대기업에 비해 빠를 수 있다. 하지만 중소기업은 자원이 부족하기 때문에 초기 대응은 빠르더라도 장기적인 리스크 관리나 회복에는 시간이 더 소요될 수 있다.

🍀 기업 문화와 인식

대기업은 대체로 리스크 관리의 중요성을 깊이 인식하고 있으며, 리스크 예방을 위한 교육, 훈련, 그리고 모의 시나리오를 통해 리스크에 대한 체계적인 대비책을 마련한다. 대기업은 종종 정기적인 리스크 관리 교육 프로그램을 운영하고, 직원들에게 리스크 예방의 중요성을 주지시킨다.

중소기업도 리스크 관리의 중요성을 인식하고 있지만, 체계적이고 정교한 교육이나 훈련 프로그램을 마련하기에는 한계가 있다. 중소기업은 리스크 관리보다는 사업 확장이나 운영 효율성에 더 많은 우선순위를 두는 경우가 많으며, 리스크 예방보다는 발생한 문제에 대한 대응에 중점을 두는 경향이 있다.

대기업과 중소기업은 리스크 관리의 접근 방식, 자원 활용, 대응 전략 등에서 뚜렷한 차이를 보인다. 대기업은 자금과 전문 인력, 체계적인 시스템을 바탕으로 정교하고 장기적인 리스크 관리를 수행할 수 있지만, 그만큼 절차가 복잡해 초기 대응이 늦어질 수 있다. 반면, 중소기업은 민첩성과 유연성을 갖춘 대응이 가능하지만, 자원 부족으로 인해 체계적인 예방 활동에는 제약이 따른다.

이러한 차이를 극복하기 위해서는 각 기업의 규모와 여건에 맞는 실질적인 리스크 관리 체계를 구축하는 것이 중요하다. 중소기업은 제한된 자원 안에서도 핵심 리스크를 중심으로 우선순위를 정하고, 간단한 매뉴얼 정비, 외부 전문가 자문, 직원 교육 등을 통해 실효성 있는 대비를 마련할 수 있다. 대기업은 복잡한 대응 시스템을 보다 유기적으로 연결하고, 초기 경보체계와 소통 프로토콜을 강화함으로써 신속성과 정밀성을 동시에 확보해야 한다.

궁극적으로 리스크 관리는 선택이 아닌 기업의 지속 가능성을 위한 필수 전략이며, 기업 규모를 막론하고 경영 전반에 통합되어야 할 핵심 과제이다. 기업이 리스크를 단지 피해야 할 위협으로만 보지 않고, 기회로 전환할 수 있는 전략적 자산으로 인식하는 태도 전환이 무엇보다 중요하다.

8. 식품접객업의 법적 준수 사항

　식품접객업소는 국민 건강을 보호하고 소비자 신뢰를 유지하기 위해 다양한 법적 규제를 철저히 준수해야 한다. 이러한 규제는 식품위생법, 농수산물품질관리법, 소비자기본법, 근로기준법, 소방기본법 등을 포함하며, 이를 위반할 경우 심각한 법적 처벌과 사업적 손실이 발생할 수 있다. 따라서 경영자는 법적 요건을 숙지하고 정기적인 점검과 직원 교육을 통해 잠재적인 법적 위반을 예방해야 한다.

식품위생법 관련 규제

식품위생법은 식품의 안전과 위생 관리를 위해 제정된 법으로, 식품접객업소가 반드시 준수해야 할 기본적인 규제를 명시하고 있다.
　식품접객업소를 운영하기 위해서는 영업 전 관할 지방자치단체의 허가 또는 보건소에 신고해야 하며, 영업 신고증이나 허가증을 매장 내에 비치해야 한다. 무허가 영업은 금지되며, 위반 시 법적 처벌을 받을 수 있다.

식재료는 냉장 5°C이하 및 냉동 -18°C이하 상태로 보관하고, 교차 오염을 방지하기 위해 조리 공간을 분리해야 한다. 조리 기구 및 설비는 매일 청결히 관리하고, 정기적으로 소독해야 하며, 종사자는 위생복, 위생모, 장갑을 착용해 직접적인 오염을 방지해야 한다. 모든 조리 및 서비스 직원은 1년에 한 번 건강검진을 받아야 하며, 전염성 질환이 발견될 경우 즉시 업무에서 배제되어야 한다.

또한, 소비기한이 지난 원재료나 변질된 식재료 사용은 엄격히 금지되며, 조리된 음식은 일정 시간 내에 소비되지 않으면 폐기해야 한다.

원산지 및 알레르기 정보 표시

식품접객업소는 메뉴판이나 벽보를 통해 주요 식재료의 원산지를 명확히 표시해야 하며, 이를 허위로 표시할 경우 농수산물품질관리법에 따라 처벌받을 수 있다. 또한 알레르기를 유발할 수 있는 식품 성분은 메뉴판에 명확히 기재해야 하며, 이를 누락해 소비자 피해가 발생할 경우 민사 및 형사 책임을 질 수 있다.

🌸 소비자 보호 관련 규제

소비자기본법과 표시광고법에 따라 메뉴판과 계산서에 음식 가격과 추가 서비스 비용을 명확히 기재해야 하며, 이를 사전 고지하지 않으면 과태료가 부과될 수 있다. 또한 '유기농', '무첨가', '천연' 등의 용어는 관련 기준을 충족할 때만 사용할 수 있으며, 허위광고를 할 경우 법적 처벌을 받을 수 있다. 변질되거나 부패된 식품의 제공은 식품위생법에 의해 금지되며, 위반 시 영업정지 처분 및 형사 처벌이 뒤따른다.

🌸 근로기준법 준수

식품접객업소는 근로자의 근로 조건을 보장하기 위해 근로기준법을 철저히 준수해야 한다. 근로시간은 1일 8시간, 주 40시간을 초과할 수 없으며, 초과근무 시 시간 외 수당을 지급해야 한다. 또한 최저임금을 보장해야 하며, 이를 위반할 경우 법적 처벌을 받을 수 있다. 근로자의 안전을 위해 조리 공간, 홀, 창고 등에서의 사고 위험을 방지하고, 정기적인 안전 교육을 실시해야 한다.

❀ 환경 관리 및 폐기물 처리

식품접객업소는 음식물 쓰레기와 일반 폐기물을 분리 배출하고 적법하게 처리해야 한다. 음식물 쓰레기의 무단 투기는 과태료 부과 대상이며, 위반 시 영업정지 처분을 받을 수 있다. 또한 플라스틱 빨대나 일회용 컵 등 특정 일회용품 사용이 제한되며, 친환경 대체품 사용이 권장된다.

❀ 소방 및 안전 관리

화재 예방을 위해 매장 내 소화기, 화재경보기, 스프링클러, 비상구 등을 설치하고 정기적으로 점검해야 한다. 가스 배관 및 전기 설비도 주기적으로 점검해 사고를 예방해야 하며, 비상구는 항상 개방 상태로 유지하고 대피 경로에는 장애물을 두지 않아야 한다.

❀ 종사자 준수 사항

식품접객업소 종사자는 개인 위생과 조리 과정에서의 위생 기준을 철저히 지켜야 한다. 종사자는 위생복, 위생모, 위생장갑을 착용하고, 손을 자주 세정하며, 손톱을 짧게 유지해야 한다. 정기적으로 건강검진을 받고, 조리 시 교차 오염을 방지하기 위해 생고기, 생선, 채소 등을 별도의 도마와 칼로 처리해야 한다. 조리된 음식은 적정 온도에서 보관하고, 소비기한이 경과하거나 부패한 음식은 즉시 폐기해야 한다.

고객에게는 정확한 정보와 친절한 서비스를 제공해야 하며, 알레르기 유발 성분을 명확히 안내해야 한다. 음식 재사용은 금지되며, 이를 위반할 경우 영업정지나 벌금 등의 처벌을 받을 수 있다. 또한, 조리 중 화재 예방을 위해 조리 도구를 적절히 관리하고, 소화기 사용법을 숙지해야 한다. 위생 사고나 고객 불만 발생 시 즉시 보고하고, 정해진 절차에 따라 신속하게 대응해야 한다.

식품접객업소는 이러한 법적 규제를 철저히 준수하고, 종사자는 위생 및 서비스 기준을 성실히 이행함으로써 소비자 안전을 보장하고 업소의 지속 가능성을 확보해야 한다.

> 여기서 잠깐!

✿ 가공식품은 왜, 어떻게 만들어지게 되었을까?

그 기원은 인류가 집단생활을 시작하면서부터 남는 식량의 저장과 보존 문제를 해결하려는 필요에서 비롯되었을 것으로 생각한다. 농업과 목축의 발달로 인해 계절에 따라 대량으로 생산되는 농산물이나 협동으로 사냥한 고기가 일시에 소비하기에는 너무 많았던 상황에서, 잉여 식량을 변질 없이 보관하고, 활용하려는 노력이 가공식품의 시초라 생각된다.

초기에는 염장, 건조, 훈연과 같은 단순한 보존 방법이 사용되었으나, 시간이 지나며 기술이 발전하면서 보관성과 소비기한을 획기적으로 연장할 수 있는 다양한 가공 방법이 개발되었다. 이러한 기술은 신선한 재료가 가진 부패 위험을 줄이고, 계절적·지역적 한계를 극복해 언제 어디서나 식량을 소비할 수 있게 했다. 예를 들어, 곡물을 가공한 밀가루나 우유를 가공하여 만든 치즈는 초기 가공식품의 대표적인 사례로, 장기 저장이 가능하도록 설계되었다. 오늘날에는 냉동식품, 통조림, 진공포장과 같은 현대적인 기술이 이를 더욱 발전시켜, 전 세계적으로 안정적인 식량 공급을 가능하게 했다.

또한 가공식품은 현대인의 바쁜 생활 속에서 편리성을 제공하는 중요한 역할을 하고 있다. 즉석밥, 라면, 미리 손질된 채소, 레토르트 식품 등은 짧은 시간 안에 간편하게 조리할 수 있는 대안을 제시하며, 시간과 노동력을 절약하려는 소비자의 요구를 충족시켰다. 이는 가공식품이 단순히 보관성을 넘어서 소비자의 라이프스타일에 맞춘 새로운 형태의 식생활 솔루션으로 자리 잡게 된 배경이다.

더불어, 가공식품은 영양 강화라는 중요한 목적도 담고 있다. 초기에는 식량의 보관과 편리성에 중점을 두었다면, 현대에는 비타민, 미네랄 등 특정 영양소를 첨가하여 건강을 증진시키고 영양 결핍을 해결하는 역할을 하고 있다. 비타민이 첨가된 음료나 철분과 칼슘이 강화된 우유는 이를 잘 보여주는 사례. 이러한 영양 강화는 단순한 식량 제공을 넘어 소비자의 건강까지 고려한 식품 개발로 이어지고 있다.

가공식품은 안전성 향상의 측면에서도 중요하다. 살균, 멸균, 밀폐 포장 등 다양한 기술을 통해 유해 미생물과 독소를 제거하고, 소비자가 안심하고 섭취할 수 있는 식품을 제공한다. 이는 식품 안전성을 강화하여 소비자의 신뢰를 얻는 데 기여했다.

더불어, 가공식품은 새로운 맛과 식감을 창출하여 식문화의 다양성과 풍요로움을 더했다. 감자칩, 가공된 과일 스낵, 다양한 소스와 드레싱은 기존 재료만으로는 얻기 어려운 독특한 미각적 즐거움을 선사하며, 소비자들의 다양한 요구를 충족시키고 있다. 가공식품은 인류의 식생활을 더욱 편리하고 안전하게 만들기 위해 개발되고 발전해 온 결과물이다.

`나의 직장생활`

🌸 라면은 나의 힘

"아직도 라면 드세요?"
"물론입니다. 아마도 저만큼 라면을 많이 먹어본 사람 드물 겁니다. 허허."

시골이 고향인 필자는 결혼 전까지 자취를 했으니 라면이 주식에 가까웠다. 신입사원 때는 요즘과 달리 선배들과 회식이 잦았다. 젊을 때였으니 과음할 때가 많았고, 이튿날 빈속으로 출근해도 행복했다. 왜냐하면 품질팀은 라면 먹는 것이 업무이기 때문이다. 이때는 시식이 아니다. 갓 생산된 라면을 별첨 수프 듬뿍 넣고 끓인 그 맛, 지금도 군침이 돈다. 퇴직 후인 요즘에도 국물이 없을 때는 주저하지 않고 라면을 끓이고, 언제든 라면으로 간단히 하자고 하면 항상 "오케이!"다.

이즈음에 라면을 싫어하시고, 건강에 좋지 않다고 생각하시는 분들을 위해 라면의 진실을 소개할까 한다. 세계라면협회에 따르면, 2023년 1,200억 개가 소비되어 전 세계 인구가 1인당 15개의 라면을 소비했다고 한다. 그리고 매년 2~6% 성장할 것으로 예측하고 있다. 이같이 오랜 기간 성장세를 유지하는 것은 통조림이 개발된 이후 최고의 가공식품이라고 평가되기 때문이다. 저렴한 가격임에도 긴 소비기한과 일정한 품질 유지, 빠른 조리시간, 다양한 맛과 제품 구성이 용이해 끊임없이 신제품이 탄생한다.

부정적인 측면도 당연히 있다. 나트륨 함량이 높다는 흠이다. 이는 라면이기 때문이 아니라 국물 음식이기 때문이다. 면 중량보다 3배 이상 많은 물에 간을 맞추어야 하는 음식으로서 어쩌면 당연하다. 물의 양과 수프의 양을 조절하고, 기호에 따라 계란, 두부, 야채 등을 곁들인다면 얼마든지 조절이 가능하고, 지방 함량이 걱정되시는 분들은 기름에 튀기지 않은 건면이 있으니 이 또한 선택의 문제일 수 있다. 그리고 방부제를 걱정하시는 분들도 많으신데 전혀 걱정할 필요가 없다. 라면은 수분 함량이 낮아 방부제가 필요 없어 사용하지 않는다. 라면~ 참 좋은 음식이다!

Part B
리스크 커뮤니케이션
Risk Communication

식품기업의 고객 커뮤니케이션은 단순한 정보 전달이 아니라 고객과의 신뢰를 형성하는 상호작용의 핵심이다. 음식을 주문한 손님에게 이를 제공하거나, 기업이 제품을 시장에 내놓는 것은 고객에게 먼저 말을 거는 행위와 같다. 송신자 기업은 상품을 정보로 제공했으니, 수신자인 고객은 이를 인식하고 반응한다. 이때 송신자는 단순히 정보를 전달하는 것이 아닌 수신자의 반응을 수용하고, 이를 바탕으로 더 나은 개선의 의지를 가져야 한다. 고객과의 커뮤니케이션은 기업 활동의 근본이자, 고객과의 신뢰를 구축하는 제일 중요한 도구이다.

　효과적인 커뮤니케이션은 여러 면에서 중요한 가치를 지닌다. 우선, 고객과의 적절한 소통은 문제를 예방하고 해결하는 데 큰 역할을 한다. 불만이 발생하더라도 이를 신속하게 처리하면 고객은 기업에 대한 신뢰를 잃지 않는다. 또한, 고객이 자신의 목소리가 존중받는다고 느낄 때, 만족도가 높아지고 기업에 대한 충성도 역시 강화된다. 이러한 과정은 단순히 고객만족뿐만 아니라 기업의 이미지와 브랜드 가치를 높이는 결과로 이어진다.

특히 위기 상황에서 커뮤니케이션은 기업의 대응력을 평가받는 중요한 기준이 된다. 문제가 발생했을 때 기업이 책임감을 가지고 명확하고 투명한 소통을 한다면, 고객은 기업을 신뢰할 가능성이 높아진다. 반면, 소통이 부족하거나 부적절하면 위기는 더욱 심화될 수 있다. 결국 커뮤니케이션은 기업과 고객 간의 관계를 유지하고, 나아가 기업의 지속 가능성을 확보하는 핵심 요소로 작용한다.

 1. 커뮤니케이션의 이해

'커뮤니케이션'의 어원은 라틴어 '*communicare*'에서 유래되었으며, 이 단어는 '공유하다', '함께 나누다'라는 의미를 가진다. 더 깊이 들어가면, '*communicare*'는 '*communis*'에서 파생된 단어로, '*communis*'는 '공통의', '함께'를 의미한다. 이로부터 커뮤니케이션은 단순히 정보를 전달하는 행위가 아니라, 어떤 내용을 상대방과 '공유'하여 서로 이해와 공감대를 형성하고자 하는 본질적 의미를 가진다. 시간이 지나면서 '*communicare*'는 교류하고 연결하는 과정 전체를 지칭하는 의미로 확대되었고, 영어 'communication'으로 발전하면서 오늘날의 의미로 정착하게 되었다. 현대적 의미에서 커뮤니케이션은 인간이 언어, 몸짓, 표정 등 다양한 수단을 통해 자신의 생각과 감정을 상대방에게 전달하여, 상호작용을 통해 이해와 조화를 이루려는 모든 활동을 포함한다.

이 단어가 가지고 있는 원래의 의미에서 중요한 요소는 '공유'와 '상호작용'이다. 이로 인해 커뮤니케이션의 과정에는 정보의 일방적인 전달보다는 쌍방의 이해와 공감을 목표로 하는 의도가 포함된다. 즉, 커뮤니케이션은 수신자가 정보를 단순히 받아들이는 것이 아니라, 그 의미를 해석하고, 이에 대한 피드백을 주고받음으로써 이루어지는 상호작용이다.

★ 인간 삶에서의 의미

커뮤니케이션은 인간의 삶에서 필수적인 역할을 하며, 여러 측면에서 그 의미가 부각된다. 이는 단순한 정보 교환을 벗어나, 인간 존재의 본질과 삶의 다양한 영역에서 중요한 영향을 미친다. 커뮤니케이션이 인간의 삶에서 가지는 의미는 다음과 같은 측면으로 설명할 수 있다.

인간관계 형성의 기초

사람들은 커뮤니케이션을 통해 타인과의 관계를 형성하고 유지하며, 이러한 관계를 통해 사회적 정체성과 소속감을 느낀다. 가족, 친구, 동료 등과의 상호작용은 삶의 의미와 행복에 직접적인 영향을 미친다. 커뮤니케이션이 원활하게 이루어지면 인간관계가 깊어지고 신뢰가 쌓이지만, 반대로 커뮤니케이션이 원활하지 않으면 오해와 갈등이 발생할 수 있다. 따라서 커뮤니케이션은 인간이 사회적 존재로 살아가기 위한 기본적인 도구이자 과정이다.

자기 표현과 자아 실현

커뮤니케이션을 통해 사람들은 자신의 생각과 감정을 표현하고, 이를 통해 자아를 실현한다. 인간은 언어와 비언어적 표현을 통해 자신의 내면세계를 타인에게 전달하고, 이에 대한 반응을 통해 자아를 이해하며 발전시킨다. 자기 표현은 개인의 정체성과 고유성을 드러내는 중요한 방식이며, 이를 통해 자신의 삶에 대한 의미와 목적을 찾을 수 있다.

문화와 지식의 전승 및 창조

커뮤니케이션은 세대 간에 지식, 관습, 가치를 전승하는 수단이며, 이를 통해 문화가 형성되고 유지된다. 또한, 새로운 지식과 아이디어를 창출하여 사회 발전에 기여한다. 예술, 과학, 철학 등 인간의 다양한 창조 활동은 커뮤니케이션을 통해 다른 사람들과 공유되고, 그 과정에서 새로운 문화와 지식이 탄생한다. 이러한 창조적 활동은 인간 삶의 질을 향상시키고, 사회적 진보를 가능하게 한다.

갈등 해결과 사회적 조정

인간 사회는 다양한 의견과 이해관계를 가진 사람들로 구성되어 있으며, 갈등이 발생하는 것은 불가피하다. 커뮤니케이션은 이러한 갈등을 해결하고, 상호 이해를 증진시켜 사회적 조정을 이끄는 도구가 된다. 협상, 설득, 대화 등을 통해 갈등을 조정하고, 공동의 목표를 달성하기 위한 합의를 이루는 과정에서 커뮤니케이션은 필수적이다.

자기 이해와 성찰의 매개체

인간은 타인과의 대화를 통해 자신의 생각과 감정을 보다 명확히 인식하고, 이를 통해 자기 이해를 증진시킨다. 또한 일기 쓰기, 독백, 예술적 표현 등 자기 자신과의 커뮤니케이션을 통해 내면을 성찰하고 성장할 수 있다. 이러한 자기 이해와 성찰은 삶의 방향과 목적을 설정하는 데 도움을 주며, 개인의 성장과 발전에 중요한 요소로 작용한다.

삶의 의미와 목적 부여

커뮤니케이션을 통해 사람들은 서로의 경험과 가치를 공유하고, 이를 통해 자신의 삶에 의미를 부여한다. 인간은 사회적 존재로서, 다른 사람들과의 상호작용을 통해 삶의 의미를 찾아간다. 예를 들어, 중요한 문제에 대한 대화, 공동체 활동, 봉사 등의 커뮤니케이션은 개인이 더 큰 목표와 가치를 실현하도록 돕는다.

★ 인간관계적 의미

상호 이해와 공감을 위한 도구

사람들은 각자의 경험, 가치관, 신념을 가지고 있으며, 이러한 차이는 서로의 입장을 쉽게 이해하지 못하는 원인이 되기도 한다. 커뮤니케이션을 통해 사람들은 자신의 생각과 감정을 표현하고, 상대방의 입장을 경청함으로써 서로에 대한 이해와 공감을 쌓아간다. 이를 통해 개인 간의 차이점을 인정하고, 공통의 가치를 찾음으로써 관계의 깊이를 더하게 된다.

신뢰와 존중 형성

신뢰는 인간관계를 지속시키는 핵심 요소로, 이는 상대방이 자신의 말을 믿고 신뢰할 수 있을 때 가능하다. 커뮤니케이션이 원활하게 이루어질 때 사람들은 서로의 의도와 감정을 더 잘 이해하게 되고, 이는 신뢰를 구축하는 기반이 된다. 예를 들어, 상호 존중이 있는 대화에서는 상대방의 의견을 경청하고 진지하게 반응함으로써 서로에 대한 신뢰가 강화된다. 반대로, 불성실하거나 단절된 커뮤니케이션은 신뢰를 저하시켜 인간관계를 불안정하게 만들 수 있다.

갈등 예방과 해결

인간관계에서 갈등은 서로의 입장 차이에서 비롯되는 경우가 많다. 원활한 커뮤니케이션을 통해 이러한 차이를 조기에 발견하고, 상대방의 입장을 이해하며 서로가 합의할 수 있는 방법을 찾는 것이 가능하다. 갈등이 발생했을 때도, 솔직한 커뮤니케이션을 통해 상대방의 입장을 진지하게 듣고 이해하려는 태도를 보이는 것이 갈등 해결에 큰 도움이 된다. 특히 커뮤니케이션이 잘 이루어지는 인간관계에서는 갈등이 생기더라도 상호 신뢰를 바탕으로 이를 효과적으로 해결할 수 있다.

감정과 감각을 공유하고 공감대 형성

감정은 인간관계에서 중요한 요소로, 서로의 감정을 이해하고 표현하는 과정에서 공감이 형성된다. 예를 들어, 기쁨이나 슬픔을 함께 나누며 상대방의 기분을 이해하려는 커뮤니케이션은 감정적인 유대감을 강화하고 관계를 더욱 깊게 만든다. 이러한 감정의 공유와 공감은 상대방과의 관계에서 진정성을 느끼게 하며, 인간관계를 더욱 가치 있고 의미 있게 만든다.

인간관계를 발전시키기 위한 조정과 협력

사람들은 각기 다른 성향과 관점을 가지고 있으며, 이러한 차이를 조정하지 않으면 관계가 어려워질 수 있다. 커뮤니케이션을 통해 사람들은 서로의 다름을 인정하고, 서로의 요구와 기대를 조율하며, 협력할 수 있는 방법을 찾아간다. 특히 가족이나 친구, 동료 관계에서는 서로의 상황과 입장을 이해하며 함께 문제를 해결하는 과정이 커뮤니케이션을 통해 이루어진다. 이러한 조정과 협력은 인간관계의 지속성과 안정성을 높이는 중요한 요소로 작용한다.

⭐ 사회학적 의미

사회학적 관점에서 커뮤니케이션은 사회 구조, 인간관계, 문화 형성 등에 중요한 영향을 미치는 핵심적인 과정으로 이해된다. 커뮤니케이션은 단순한 정보 전달이 아니라, 사회적 상호작용과 사회적 의미의 구성, 그리고 권력과 지배관계 형성 등 다양한 측면에서 중요한 역할을 한다. 커뮤니케이션의 사회학적 의미는 다음과 같은 측면에서 설명할 수 있다.

사회적 상호작용의 기본 요소

인간은 사회적 존재로서 끊임없이 다른 사람들과 상호작용하며, 커뮤니케이션은 이러한 상호작용의 기본적인 매개체가 된다. 예를 들어, 언어를 통해 타인과 정보를 교환하고, 비언어적 신호를 통해 감정과 의도를 전달함으로써 사회적 관계를 형성하고 유지한다. 이러한 상호작용을 통해 사람들이 서로를 이해하고, 사회적 규범과 역할을 학습하게 된다.

문화와 집단 정체성 형성

커뮤니케이션은 문화의 형성과 전파에 중요한 역할을 하며, 특정 집단이나 사회가 공유하는 가치와 신념, 관습 등을 전달하는 매체가 된다. 언어, 기호, 상징 등을 통한 커뮤니케이션으로 사람들은 자신이 속한 집단의 정체성을 형성하고, 문화적 일체감을 느끼게 된다. 또한, 이러한 과정을 통해 세대 간의 문화 전승이 이루어지며, 새로운 문화가 창조되고 발전한다.

사회적 통제와 권력 관계의 유지

커뮤니케이션은 사회적 통제와 규범 형성에 중요한 역할을 하며, 사회 내 권력관계를 유지·재생산하는 수단이 된다. 예를 들어, 대중매체를 통해 특정 이념이나 가치를 홍보하거나 사회 규범을 강화함으로써 사람들의 생각과 행동을 일정한 방향으로 유도할 수 있다. 이를 통해 특정 집단이 지배적 담론을 형성하고 사회적 현실을 규정하게 된다.

사회 변화와 혁신의 촉매제

커뮤니케이션은 사회적 변화를 이끌고 혁신을 촉진하는 중요한 역할을 한다. 새로운 아이디어나 사회적 운동은 커뮤니케이션을 통해 확산되며, 사람들이 기존의 사회적 규범을 비판하고 새로운 질서를 제안하게 된다. 예를 들어, 소셜미디어는 사회적 이슈에 대한 의견을 공유하고, 집단적인 행동을 조직하는 데 중요한 역할을 하며, 이는 사회적 변화의 원동력으로 작용한다.

사회적 의미와 현실의 구성

사람들은 일상적인 대화와 상호작용을 통해 사회적 세계를 해석하고, 공통의 이해를 형성하게 된다. 이러한 과정에서 커뮤니케이션은 단순한 정보 전달의 수단을 초월하여, 사회적 현실을 형성하고 정당화하는 역할을 한다.

집단 간 갈등과 협상의 장

사회는 다양한 집단과 이해관계가 얽혀 있으며, 커뮤니케이션은 갈등을 조정하고 협상을 통해 합의에 도달하는 중요한 과정이다. 예를 들어, 정치적 커뮤니케이션은 정부, 시민, 다양한 이익집단 간의 상호작용을 통해 정책을 결정하고, 사회적 갈등을 해결하는 데 핵심적인 역할을 한다.

사회적 자본 형성에 기여

커뮤니케이션은 사람들이 신뢰와 협력의 관계를 구축하는 데 중요한 역할을 하며, 이러한 사회적 관계망은 사회적 자본을 형성한다. 사회적 자본은 개인이나 집단이 상호 신뢰와 협력을 바탕으로 더 나은 사회적, 경제적 성과를 창출하는 데 기여한다. 커뮤니케이션을 통해 사람들은 네트워크를 형성하고, 이러한 네트워크는 사회적 자본의 중요한 원천이 된다.

조직 관점에서의 의미

조직의 목표를 달성하기 위한 기본 수단
모든 조직은 공동의 목표를 가지고 있으며, 이를 이루기 위해서는 조직의 비전과 목표가 각 구성원에게 명확히 전달되고 이해되어야 한다. 커뮤니케이션은 조직의 목표와 방향성을 구성원들에게 명확히 제시하여 각자의 역할과 책임을 이해하게 하고, 이를 통해 개개인이 조직의 전체 목표에 기여할 수 있도록 한다. 목표가 분명하게 전달되지 않으면 구성원들이 혼란을 겪고, 나아가 조직 전체의 방향성에 대한 일체감을 잃게 될 수 있다.

정보와 지식을 공유하는 수단
조직 내에서 정보는 효과적인 의사결정과 업무 수행을 위해 반드시 필요하다. 각 부서와 팀이 서로의 역할과 진행 상황을 파악하고 협력하려면 정보의 원활한 전달이 이루어져야 한다. 특히 의사결정 과정에서의 정보 전달은 중요한 의미를 가지며, 커뮤니케이션이 원활하지 않으면 정보의 부정확성이나 불충분함으로 인해 조직의 성과가 저하될 수 있다. 따라서, 조직 내 커뮤니케이션은 필수적인 정보와 지식을 공유하여 조직 전체가 효율적으로 움직일 수 있도록 돕는다.

협력과 조정 촉진 및 조직 효율성 제고
조직은 여러 부서와 팀으로 구성되어 있으며, 각각의 부서가 자신의 역할을 수행하는 동시에 다른 부서와 조화를 이루어야 한다. 이때 커뮤니케이션은 각 부서 간 협력을 위한 기본적인 수단이 된다. 커뮤니케이션을 통해 업무의 진행 상황, 역할 분담, 자원 배분 등의 조정이 이루어지며, 이를 통해 조직 전체의 효율성과 생산성을 높일 수 있다. 또한, 부서 간 원활한 협력은 구성원들이 조직의 목표를 달성하기 위해 상호 지원할 수 있는 환경을 조성한다.

문제 해결과 갈등 관리 도구

조직 내에서는 항상 다양한 문제가 발생하며, 이는 구성원 간 또는 부서 간의 갈등을 초래할 수 있다. 이러한 문제를 효과적으로 해결하기 위해서는 각 구성원의 의견을 듣고, 서로의 입장을 이해하며, 합리적인 해결책을 모색하는 과정이 필요하다. 이때 커뮤니케이션은 갈등의 원인을 파악하고, 상호 이해를 바탕으로 합의에 도달할 수 있는 방법을 제공한다. 또한, 문제 해결 과정에서 구성원들의 목소리가 존중받고 반영될 때, 구성원들의 소속감과 참여의식이 강화된다.

조직문화 형성과 강화

조직문화는 구성원들이 공유하는 가치관과 행동 방식을 의미하며, 이는 구성원 간의 상호작용과 커뮤니케이션을 통해 형성된다. 조직 내에서 구성원들이 자유롭게 의견을 나누고 서로 존중하는 분위기를 조성하는 것은 조직문화의 중요한 요소다. 또한, 조직의 비전과 목표, 규범을 일관되게 전달하는 커뮤니케이션은 조직의 정체성을 확립하고, 구성원들이 조직에 대한 소속감과 자부심을 가지게 한다. 이렇게 형성된 조직문화는 구성원들의 행동에 영향을 미치며, 조직의 일체감을 높여 장기적으로 조직의 안정성과 지속가능성을 강화한다.

★ 문제 해결 관점에서의 의미

문제를 정확히 진단하고 이해하기

문제 해결을 위해서는 무엇이 문제인지, 문제가 어디서 비롯되었는지, 현재 상황이 어떤지를 명확히 파악해야 한다. 이 과정에서 커뮤니케이션은 문제의 원인을 밝히고 정확한 정보를 얻는 데 필수적이다. 예를 들어, 특정 프로젝트에서 생산성이 떨어진 경우, 팀원 간의 대화를 통해 업무 과정에서 겪고 있는 어려움, 자원 부족, 또는 기타 장애 요인을 파악할 수 있다. 이처럼 문제의 핵심을 명확히 이해하려면 관련자들과의 소통을 통해 다양한 시각에서 원인을 분석하는 것이 필요하다.

다양한 해결책을 모색하고 창의적인 아이디어 도출

문제 해결을 위해서는 종종 새로운 접근 방식이나 창의적인 해결책이 요구된다. 이때 커뮤니케이션을 통해 팀원들과 의견을 나누고, 각자가 제시하는 다양한 해결책을 수렴하는 과정은 혁신적인 해결책을 도출하는 데 큰 도움이 된다. 특히 서로 다른 관점과 배경을 가진 사람들이 커뮤니케이션을 통해 아이디어를 공유할 때, 문제를 해결할 수 있는 새로운 시각이 나타날 수 있다. 이러한 커뮤니케이션 과정은 단순한 정보 교환을 넘어, 아이디어를 발전시키고 구체화하는 데 필수적인 역할을 한다.

구성원 간에 합의를 도출하고 협력을 이끌어내는 역할

문제 해결 과정에서 여러 의견이 충돌하거나 갈등이 발생할 수 있으며, 이를 조율하는 과정이 필요하다. 커뮤니케이션은 서로의 의견을 경청하고 공통점을 찾는 과정을 통해 구성원 간에 합의를 도출할 수 있는 장을 마련한다. 예를 들어, 업무 방식에 대한 의견 차이가 발생했을 때, 각자의 입장을 경청하고 그 안에서 공통의 목표를 찾는 대화를 통해 원만한 합의를 이루어낼 수 있다. 이를 통해 모든 구성원이 해결책에 동의하고 협력할 수 있는 환경이 조성된다.

문제 해결 진행 상황을 공유하고 조정하는 데 필요한 도구

문제 해결 과정에서는 각 단계에서의 진행 상황을 공유하고, 계획이 원활하게 진행되고 있는지 점검하며, 필요 시 조정하는 것이 중요하다. 이때 커뮤니케이션을 통해 문제 해결의 진행 상태를 구성원들과 공유함으로써 모든 구성원이 현재 상황을 명확히 이해하고, 필요한 경우 즉각적으로 수정하거나 대처할 수 있다. 특히, 계획이 기대대로 진행되지 않거나 새로운 문제가 발생했을 때는, 신속한 커뮤니케이션을 통해 필요한 조정을 함으로써 문제 해결의 효율성을 높일 수 있다.

문제 해결 후 피드백을 받고 성과를 분석하는 도구

문제 해결이 완료된 후에도 커뮤니케이션은 끝나지 않는다. 해결 과정에서 효과적이었던 점과 부족했던 점을 피드백 받는 과정에서 커뮤니케이션이 필요하다. 이를 통해 해결 방식을 평가하고, 앞으로의 개선점을 파악할 수 있다. 이러한 피드백 과정에서 각 구성원은 자신의 경험을 공유하고, 이를 통해 조직은 문제 해결 능력을 지속적으로 향상시킬 수 있다.

⭐ 커뮤니케이션의 주요 요소

(1) 송신자(Sender)

커뮤니케이션을 시작하는 사람 또는 집단으로, 전달하고자 하는 생각이나 정보를 최초로 구성하여 메시지로 변환한다. 송신자의 역할은 메시지를 명확하게 전달하기 위해 정보를 이해하기 쉬운 형태로 만드는 데 있다. 송신자는 메시지를 구성할 때 전달 의도, 타깃 수신자, 사용하는 언어나 표현 방식 등을 신중하게 고려해야 한다. 말의 내용도 중요하지만 태도는 상대방이 송신자의 진심을 느낄 수 있는 가장 직관적인 요소이며, 뉘앙스, 어투, 표정, 몸짓은 말 속에 숨어 있는 미묘한 감정을 전달하는 중요한 수단이다.

(2) 메시지(Message)

송신자가 수신자에게 전달하고자 하는 내용으로, 커뮤니케이션의 핵심이다. 메시지에는 정보뿐만 아니라 감정, 의도, 지식 등도 포함될 수 있으며, 송신자의 의도를 표현하는 여러 방식(언어적, 비언어적)을 통해 전달된다. 효과적인 메시지는 수신자가 쉽게 이해할 수 있도록 명확하고 일관된 구조를 가지는 것이 중요하다.

(3) 채널(Channel)

메시지가 송신자에서 수신자로 전달되는 경로를 의미한다. 채널에는 직접적인 대면 커뮤니케이션과 전화, 이메일, 메시지와 같은 매체를 이용한 커뮤니케이션 등이 포함된다. 메시지의 성격과 송신자와 수신자 간의 관계에 따라 채널을 적절하게 선택해야 하며, 적합한 채널을 선택하지 못하면 메시지가 왜곡되거나 효과적으로 전달되지 않을 수 있다.

(4) 수신자(Receiver)

수신자는 송신자가 보내는 메시지를 받는 사람으로, 메시지를 해석하고 이해하는 역할을 한다. 수신자는 송신자가 전달한 정보를 해석할 때 자신의 지식, 경험, 문화적 배경, 감정 상태 등의 영향을 받기 때문에, 송신자가 의도한 메시지가 그대로 전달되지 않을 가능성도 있다. 효과적인 커뮤니케이션을 위해서는 수신자가 메시지를 올바르게 이해할 수 있도록 표현을 명확하게 해야 한다.

(5) 피드백(Feedback)

수신자가 송신자에게 메시지에 대한 반응을 전달하는 과정을 의미한다. 피드백은 커뮤니케이션의 상호작용을 유지하고, 송신자가 자신의 메시지가 수신자에게 올바르게 전달되었는지 확인할 수 있도록 한다. 피드백은 긍정적일 수도, 부정적일 수도 있으며, 직접적인 반응(언어적 피드백)이나 표정, 몸짓(비언어적 피드백) 등으로 표현될 수 있다.

(6) 맥락(Context)

커뮤니케이션이 이루어지는 환경이나 상황을 의미한다. 맥락에는 물리적 환경뿐만 아니라 커뮤니케이션을 둘러싼 문화적, 사회적, 심리적 요인들이 포함된다. 예를 들어, 비즈니스 회의에서의 커뮤니케이션과 친목 모임에서의 커뮤니케이션은 서로 다른 맥락에서 이루어지므로, 표현 방식과 메시지의 내용이 달라질 수 있다. 커뮤니케이션을 효과적으로 하기 위해서는 맥락을 이해하고 그에 맞는 메시지를 구성해야 한다.

(7) 잡음(Noise)

메시지가 송신자에서 수신자로 전달되는 과정에서 발생하는 방해 요소로, 커뮤니케이션의 효율성을 저하시킨다. 잡음에는 외부의 물리적 소음뿐만 아니라 심리적, 인지적 장애, 문화적 차이 등 다양한 형태가 있다. 이러한 잡음이 존재할 경우, 메시지가 왜곡되거나 수신자가 의도와 다르게 해석할 수 있다. 따라서 송신자는 잡음을 최소화하려는 노력이 필요하다.

커뮤니케이션의 종류

(1) 언어적 커뮤니케이션

언어를 사용해 정보를 전달하는 방식으로, 구두 또는 서면으로 이루어진다. 구두 커뮤니케이션은 말로 이루어지며 대면 대화, 전화 통화, 화상 회의 등이 이에 포함된다. 이 방식은 즉각적인 피드백이 가능하며, 감정 표현에도 용이하다. 반면, 서면 커뮤니케이션은 이메일, 편지, 보고서, 메모 등과 같이 글을 통해 정보를 전달하는 방법이다. 서면 커뮤니케이션은 기록으로 남기기 용이하지만, 구두 커뮤니케이션과 달리 피드백이 즉각적이지 않을 수 있다는 단점이 있다.

(2) 비언어적 커뮤니케이션

언어 외적인 요소를 활용한 소통 방식이다. 여기에는 얼굴 표정, 몸짓, 눈 맞춤, 신체적 거리와 같은 신체 언어가 포함된다. 예를 들어, 미소는 긍정적인 감정을 표현하며, 찡그린 표정은 불만을 나타낸다. 또한 목소리 톤, 말의 속도, 억양 등의 음성적 요소를 통해 감정과 의도를 전달하기도 한다. 이 방식은 언어로 표현하기 어려운 감정이나 미묘한 뉘앙스를 전달할 수 있어 효과적이지만, 수신자가 의도를 잘못 해석할 가능성도 있다.

(3) 대인 커뮤니케이션

두 사람 이상이 서로 상호작용하며 소통하는 방식이다. 대면 대화처럼 직접적인 소통 방식으로 이루어지며, 상호 피드백이 즉각적이어서 신뢰 구축과 이해를 돕는다. 대인 커뮤니케이션은 감정, 관심, 의도를 직접적으로 전달할 수 있어 관계 형성에 중요한 역할을 한다. 그러나 만약 잘못된 표현이 사용되거나 상대방이 오해할 경우, 갈등이 생길 가능성도 있다.

(4) 대중 커뮤니케이션

불특정 다수에게 메시지를 전달하는 방식으로, TV, 라디오, 신문, 인터넷 등의 매스미디어를 통해 이루어진다. 이 방식은 많은 사람에게 동시에 정보를 전파할 수 있어 정보 확산 속도가 빠르며, 널리 알려야 하는 공지나 광고에 효과적이다. 그러나 수신자가 많아 개별적인 피드백이 제한되거나 지연되는 단점이 있다.

(5) 조직 커뮤니케이션

조직 내에서 이루어지는 커뮤니케이션이다. 상하 관계의 수직적 커뮤니케이션과 동등한 위치에서 이루어지는 수평적 커뮤니케이션, 그리고 부서 간 비공식적 대화가 포함된다. 수직적 커뮤니케이션은 상급자와 하급자 사이에 이루어져 명확한 정보 전달이 이루어지고, 수평적 커뮤니케이션은 협력과 조정에 유리하다. 또한 부서 간의 비공식적인 소통도 중요하며, 종종 조직문화와 팀워크를 강화하는 역할을 한다.

(6) 공식적 커뮤니케이션과 비공식적 커뮤니케이션

공식적 커뮤니케이션은 회사의 공식 절차나 문서를 통해 이루어지며, 보고서나 회의 등을 통해 명확하게 정보를 전달한다. 비공식적 커뮤니케이션은 동료 간 자유로운 대화나 사내 소문 등으로 구성되며, 직원 간의 관계를 강화하는 데 유리하다.

2. 리스크 커뮤니케이션의 이해

위기 대응 커뮤니케이션은 사후 조치가 아니라 선제 수단이어야 한다. 2025년 SKT 유심 해킹 사고는 〈실패學 교과서 된 SKT '유심 해킹 사태'〉 조선일보 기사 제목처럼 위기 대응 커뮤니케이션의 중요성을 말해준 사례이다. 온 국민이 지켜본 국회 청문회에서까지도 정확한 원인을 밝히지 못하며, 정보의 골든타임과 신뢰를 회복할 수 있는 절호의 기회까지 놓쳤다. 사과는 형식이 아니라 감정 회복이어야 하는데, CEO의 책임 회피성 발언과 기계적인 언어 사용은 조롱과 분노를 만들어낼 수 있다. 또한 보상은 사과의 실천임에도, 유심 교체 메시지의 일관성도 부족하여 혼란과 불신을 초래했다. 사고 수습은 기술적 조치보다 커뮤니케이션이 선제 수단이라는 것을 간과한 결과이다.

리스크는 앞서 설명한 바와 같이 쓰나미가 밀려오는 위급한 상황이다. 모두들 어찌할 바를 몰라 불안해하고, 분노하며, 수많은 이야기를 동시에 하고 있다. 우리는 이러한 상황을 이해하고, 어떤 행동 치침을 만들어 피해를 최소화하며, 문제를 해결하고, 사고 이전으로 되돌아가야만 한다. 마치 쓰나미와 같은 파도가 평온한 파도가 되도록 만드는 것이 위기 대응 커뮤니케이션이다.

이 장에서는 리스크 커뮤니케이션의 개념과 중요성을 이해하고, 효과적인 커뮤니케이션이 갖추어야 할 원칙과 실천 전략을 살펴보고자 한다.

★ 효과적인 리스크 커뮤니케이션의 조건

리스크 커뮤니케이션은 단순한 정보 전달을 넘어, 위기 상황에서 기업과 이해관계자 간에 신뢰를 구축하고 불확실성을 줄이는 핵심 수단이다. 특히 식품산업과 같이 안전성과 직결된 분야에서는 소비자, 정부, 미디어, 내부 직원 등 다양한 주체와의 효과적인 소통이 위기 대응의 성패를 좌우한다.

기업이 위기를 관리하면서 아무리 신속하고 정확한 조치를 취하더라도, 그 과정과 결과를 올바르게 전달하지 못하면 오히려 불신을 키울 수 있다. 리스크 커뮤니케이션은 정보의 신뢰성, 투명성, 적시성을 기반으로 설계되어야 하며, 감정적 공감과 이해 촉진까지 고려해야 한다.

정보 전달과 이해

리스크 커뮤니케이션은 위험 요소의 본질과 그 영향을 정확하게 전달하는 것이다. 이 과정에서 정보는 단순히 제공되는 것이 아니라, 이해관계자들이 그 정보를 쉽게 이해하고, 수용할 수 있도록 명확하게 설명되어야 한다. 이를 위해 쉬운 언어와 시각적 자료가 사용되기도 한다.

상호 소통과 피드백

리스크 커뮤니케이션은 일방적인 정보 전달이 아닌, 상호적인 소통을 지향한다. 기업이나 조직은 이해관계자들의 질문과 우려를 듣고, 이를 반영하여 커뮤니케이션 전략을 조정해야 한다. 이러한 상호 소통은 신뢰를 형성하고, 이해관계자들이 리스크에 대해 보다 잘 이해할 수 있도록 돕는다.

신뢰 구축과 유지

효과적인 리스크 커뮤니케이션은 신뢰를 바탕으로 이루어진다. 기업과 조직은 리스크 발생 시 신속하고 투명하게 정보를 제공하며, 문제 해결에 진정성을 보임으로써 이해관계자들과의 신뢰를 구축하고 유지해야 한다. 신뢰가 없으면, 정보의 전달이 효과적으로 이루어지기 어렵고, 불안과 혼란을 초래할 수 있다.

적시성

리스크 커뮤니케이션은 위험이 발생했을 때 적시에 이루어져야 한다. 지연된 정보 제공은 이해관계자들의 불신을 초래할 수 있으며, 상황을 더욱 악화시킬 수 있다. 따라서 리스크가 감지되면 즉시 대응할 수 있는 체계와 절차를 갖추는 것이 중요하다.

정확성과 일관성

제공되는 정보는 정확하고, 일관성이 있어야 한다. 리스크와 관련된 정보가 서로 다른 방식으로 전달되거나, 모순이 있다면, 이해관계자들은 혼란을 느끼고 불신할 수 있다. 따라서 모든 소통 채널에서 동일한 메시지가 전달되도록 관리해야 한다.

★ 리스크 커뮤니케이션의 목적과 중요성

정확하고 투명한 커뮤니케이션은 소비자 신뢰 확보, 기업 이미지 보호, 규제기관과의 협력, 문제 해결 가속화, 법적 분쟁 예방 등 다양한 측면에서 중요한 역할을 한다. 또한 사회적 책임을 실현하고, 장기적으로는 브랜드 가치를 강화하는 데도 기여한다. 여기서는 리스크 커뮤니케이션이 갖는 다층적인 의미와 그 목적을 살펴본다.

소비자 안전과 신뢰 확보

식품기업에서 리스크 커뮤니케이션의 가장 중요한 목적은 소비자의 안전을 보장하고 신뢰를 유지하는 것이다. 식품 관련 사고나 리스크가 발생했을 때, 기업이 신속하고 명확하게 정보를 제공하지 않으면 소비자들은 불안을 느끼고, 기업에 대한 신뢰가 무너질 수 있다. 적절한 커뮤니케이션을 통해 소비자들에게 정확한 정보를 제공하고, 상황 해결을 위한 조치를 알림으로써 신뢰를 회복할 수 있다.

기업 이미지 및 평판 관리

리스크 커뮤니케이션은 기업의 이미지와 평판을 보호하고 강화하는 데 핵심적인 역할을 한다. 식품 관련 리스크는 대중의 관심을 크게 받기 때문에, 위기 상황에서의 대응이 기업의 평판에 큰 영향을 미친다. 투명하고 신속한 커뮤니케이션은 소비자와 이해관계자들에게 기업이 문제를 책임감 있게 해결하고 있다는 인식을 주어, 위기 이후에도 긍정적인 이미지를 유지할 수 있게 한다.

규제기관과의 협력 및 법적 대응

식품 안전 관련 리스크가 발생하면, 규제기관은 기업의 대응을 감시하고 규제를 집행한다. 기업이 리스크 커뮤니케이션을 통해 규제기관과 긴밀하게 협력하고, 필요한 정보를 투명하게 제공하면, 규제 절차가 원활하게 진행되고 법적 문제를 최소화할 수 있다. 적절한 커뮤니케이션은 기업이 규정을 준수하고 있다는 신뢰를 규제기관에 줄 수 있다.

리스크 관리 및 문제 해결 가속화

리스크 커뮤니케이션은 문제의 원인을 신속하게 파악하고, 효과적인 해결책을 찾는 데 필수적이다. 이를 통해 기업은 내부 직원, 공급업체, 유통업체 등 다양한 이해관계자와 협력하여 문제를 신속하게 해결할 수 있다. 커뮤니케이션이 효과적으로 이루어지지 않으면, 문제 해결이 지연되거나, 더 큰 리스크로 확대될 가능성이 높다.

소송 및 법적 분쟁 방지

소비자나 이해관계자가 식품 안전 문제로 피해를 입었다고 느끼면, 소송을 제기할 가능성이 있다. 이때, 기업이 리스크 커뮤니케이션을 통해 투명하게 상황을 알리고, 피해자들과 협력하여 문제를 해결하려는 모습을 보이면, 법적 분쟁을 방지하거나 그 규모를 줄일 수 있다. 이는 기업의 법적 리스크를 줄이는 데 매우 중요한 역할을 한다.

사회적 책임 이행 및 공익 증진

현대 사회에서 기업은 단순한 이익 추구를 넘어 사회적 책임(CSR)을 수행하는 것이 중요하다. 식품기업의 리스크 커뮤니케이션은 이러한 사회적 책임의 중요한 부분으로, 소비자와 지역사회에 잠재적 위험을 알리고, 이를 예방하기 위해 노력하는 모습을 보여줌으로써 공익을 증진할 수 있다. 이는 기업이 단순한 이익 창출을 넘어, 사회와 공동체의 건강과 안전을 지키기 위한 노력을 보여주는 중요한 기회다.

장기적 신뢰와 브랜드 가치 강화

리스크 커뮤니케이션을 통해 기업이 위기 상황에서 책임감 있게 대응하는 모습을 보이면, 단기적으로는 리스크를 관리하는 효과가 있지만, 장기적으로는 브랜드 가치를 강화하고, 소비자와의 신뢰 관계를 공고히 하는 데 도움이 된다. 이는 단순한 위기 관리 이상의 전략으로, 기업이 지속 가능한 성장과 발전을 이루기 위한 중요한 기반이 된다.

식품기업에서 리스크 커뮤니케이션은 기업의 신뢰 유지와 위기 관리, 소비자 안전 보장에 중요한 역할을 한다. 식품은 소비자의 건강과 직접적으로 연결된 민감한 분야이기 때문에, 위험 요소가 발생했을 때 신속하고 투명하게 대응하는 것이 필수적이다. 이를 위해 이해관계자들에게 위험에 대한 정보를 정확하고 신속하게 제공함으로써, 그들이 올바른 결정을 내릴 수 있도록 돕는 것이 중요하다. 또한 사회적 신뢰를 구축하고 이를 지속적으로 유지하며, 위험 상황에서 발생할 수 있는 불안을 최소화해야 한다.

또한, 리스크 관리와 예방을 위해 이해관계자들과 적극적으로 협력하고, 공동 대응을 유도해야 한다. 이는 위기 상황 발생 시 기업의 신뢰도를 유지하고, 원활한 소통을 통해 불확실성을 줄이는 데 큰 도움이 된다.

투명한 정보 제공과 신속한 대응은 소비자의 불안을 해소하고, 브랜드 이미지를 보호하는 데 중요한 역할을 한다. 이러한 리스크 커뮤니케이션의 체계적인 실행은 식품기업이 위기를 효과적으로 관리하고, 소비자의 신뢰를 지속적으로 유지하는 데 핵심적인 요소가 된다.

3. 리스크 커뮤니케이션 이해관계자와 대응 전략

식품기업에서의 리스크 커뮤니케이션 이해관계자는 위험 상황에서 기업이 소통하고 협력해야 할 대상들이다. 다시 말해 상황을 좌지우지할 수 있는 커뮤니케이션의 권력자인 셈이다. 이해관계자들은 식품 안전과 품질 문제에 직접적 또는 간접적으로 영향을 받을 수 있는 다양한 집단으로 구성되며, 기업의 성공적인 위기 대응과 신뢰 구축에 핵심적인 역할을 한다.

★ 소비자

소비자는 제품과 서비스를 직접 사용하는 최종 사용자로, 리스크에 민감하게 반응할 가능성이 높다. 제품 안전, 품질, 투명성에 대한 신뢰를 바탕으로 기업과 관계를 유지하기 때문에, 소비자와의 소통에서는 신속성과 명확성이 특히 중요하다. 위기 대응 시 제일 먼저 식품 안전, 품질, R&D, 홍보팀과 대응 메시지를 결정하고, 고객상담팀은 이를 고객의 언어로 스크립트화한다.

대응전략
- 리스크 발생 시 정확한 정보를 빠르고 명확하게 제공하고, 제품의 안전성을 강조한다.
- SNS, 웹사이트, 이메일 등 다양한 채널을 활용하여 소비자에게 접근성을 높인다.
- 공신력 있는 전문가나 기관의 검토를 받아 신뢰를 높이고, 소비자가 이해하기 쉬운 언어로 대응 방안을 전달한다.
- 소비자의 문의에 실시간으로 응답하는 지원 채널을 운영하여 신뢰를 유지한다.

★ 규제기관 및 정부

규제기관과 정부는 공공 안전을 감독하며, 리스크 발생 시 규정을 준수하지 못하면 법적 제재를 가할 수 있다. 리스크에 따른 법적 준수 사항을 정확히 이해하고, 규제기관과의 신뢰 관계를 유지하는 것이 중요하다. 대응 메시지는 기준 규격의 관련 여부를 명확히 하고, 객관적 자료를 동시에 제시하여야 하며, 시간이 촉박해 제출이 어려울 경우 이를 증명하는 계획을 명시하는 것이 바람직하다. 또한 문제 해결과 향후 개선 방안에 대해 긴밀히 협력하고 협조를 구한다.

대응전략

- 리스크가 발생하면 즉시 보고하고, 정부와 규제기관의 요구 사항에 따른 정보를 투명하게 제공한다.
- 규제 준수를 위한 구체적 조치를 명확히 하고, 필요 시 정부의 자문을 구하여 법적 위험을 줄인다.
- 리스크 해소 후에도 정기적인 보고서를 통해 대응 과정과 개선 사항을 공유하며, 규제기관과의 신뢰를 지속적으로 유지한다.
- 공청회나 협의회를 통해 정부와 공동의 노력을 보이는 협력적인 태도로 임한다.

★ 직원 및 내부 이해관계자

직원은 리스크가 발생한 기업 내의 구성원으로, 상황에 대한 명확한 이해와 사전 준비가 필요하다. 직원의 불안감을 해소하고, 업무의 일관성을 유지할 수 있도록 상황을 투명하게 전달해야 한다. 또한 직원의 가족과 지인들에게 회사의 입장을 준비된 메시지를 통해 정확히 전달한다.

대응전략

- 리스크 상황과 대응 전략을 투명하게 공유하여 직원이 상황을 정확히 이해하도록 한다.
- 직원 행동 지침과 안전 수칙을 명확히 전달하고, 정기적인 커뮤니케이션을

통해 변화하는 상황에 대한 정보를 제공한다.
- 리스크 관련 교육을 통해 직원들이 리스크에 능동적으로 대응할 수 있도록 지원하고, 내부 문의 및 피드백 창구를 마련하여 참여를 유도한다.

★ 공급업체 및 파트너사

공급업체와 파트너사는 제품의 생산과 공급망을 지원하며, 리스크 발생 시 공급망에 미칠 영향을 최소화하는 협력이 필요하다. 원활한 공급과 품질 유지를 위해 이들과의 신속한 소통과 협조가 필수적이다.

대응전략
- 리스크 상황을 즉각적으로 공유하고, 공급 및 생산에 영향을 미치는 사항을 명확히 전달한다.
- 함께 협력할 부분을 논의하고, 상호 지원을 통해 피해를 최소화한다.
- 대체 공급처나 경로를 마련하여 공급 차질을 방지하고, 향후 리스크에 대비한 협력 방안을 함께 마련하여 신뢰 관계를 유지한다.

★ 유통 및 소매업체

유통 및 소매업체는 소비자에게 제품을 최종 전달하는 중요한 이해관계자다. 리스크가 발생할 경우 유통망에 미치는 영향을 최소화하기 위해 상황을 신속하게 공유하고 협력하는 것이 중요하다.

대응전략

- 유통업체와 소매업체에 상황을 신속히 전달하고, 제품 안전성 및 품질에 대해 충분히 설명한다.
- 필요한 경우 리스크 관리 조치를 함께 논의하고, 공급 일정 변경 등에 대한 협조를 요청한다.
- 소비자에게 필요한 제품 정보와 지침을 유통 및 소매업체에 제공하여, 혼란을 줄이고 소비자의 신뢰를 유지하도록 한다.

★ 미디어 및 언론

미디어와 언론은 리스크 상황을 대중에게 전달하는 주요 매개체로, 기업의 이미지에 직접적으로 영향을 미친다. 정확하고 투명한 정보를 제공하여 신뢰를 구축하는 것이 필요하다.

대응전략

- 리스크 상황에 대한 정확한 자료를 신속히 제공하여 언론이 객관적으로 보도할 수 있도록 한다.
- 기자회견이나 보도자료를 통해 상황을 설명하고, 기업의 대응 방안을 명확히

전달한다.
- 정기적인 업데이트를 통해 상황이 개선되고 있다는 메시지를 지속적으로 전달하여 신뢰를 유지한다.
- 오해나 잘못된 보도가 있을 경우 즉각적인 대응을 통해 상황을 바로잡는다.

★ 지역사회 및 NGO

지역사회와 NGO는 기업이 위치한 지역과 환경에 대해 민감하게 반응하는 집단으로, 리스크가 지역사회에 미치는 영향에 높은 관심을 보인다. 지역사회와의 관계 회복과 신뢰 구축을 위해 투명한 소통과 참여를 유도하는 것이 필요하다.

대응전략
- 지역사회 주민과의 직접적인 소통을 통해 리스크의 특성과 대응 조치를 투명하게 공유한다.
- 설명회나 간담회를 열어 지역사회의 의견을 듣고 우려 사항을 적극적으로 수용하는 자세를 보인다.
- 지역사회에 대한 안전과 책임을 강조하고, 장기적인 관계 회복을 위해 다양한 사회 공헌 활동을 계획한다.
- NGO와 협력하여 리스크 해소 및 지역사회 복구에 대한 방안을 마련하고, 지속적인 소통을 유지한다.

★ 주주 및 투자자

주주와 투자자는 기업의 재정적 성과와 안정성에 대한 관심이 높으며, 리스크가 주가와 투자에 미칠 영향을 신중히 고려한다. 이들에게는 기업의 대응 능력을 보여주고 신뢰를 유지하는 것이 중요하다.

대응전략
- 리스크 발생 시 주주들에게 기업의 대응 계획과 잠재적 영향에 대해 정기적으로 보고하여 신뢰를 유지한다.
- 리스크 관리 계획을 통해 재정적 영향이 최소화될 수 있도록 구체적인 대응 방안을 설명한다.
- 주주총회나 보고서 등을 통해 상황을 투명하게 공유하고, 주주들의 의견을 적극적으로 수용하는 모습을 보인다.
- 재발 방지를 위한 구체적인 개선 계획을 설명하여, 리스크 관리 역량을 지속적으로 강화하고 있음을 보여준다.

이처럼 리스크 커뮤니케이션의 이해관계자는 각자의 특성과 관심사가 다르므로, 커뮤니케이션 전략은 상황과 대상의 필요에 맞게 맞춤형으로 이루어져야 한다. 투명하고 일관성 있는 소통을 유지하며, 각 이해관계자의 우려와 요구를 충족하는 대응이 리스크 커뮤니케이션의 핵심이다.

4. 언론 모니터링

위기 상황에서 쏟아지는 기사들을 효과적으로 분류하고, 카운팅하는 것은 위기의 확산 정도를 파악하고, 주요 이슈와 언론의 논조를 분석하며, 위기 대응 전략을 세우고 실행하는 데 중요한 역할을 한다. 또한, 기업의 공식 대응 이후 기사 흐름을 추적하여 효과성을 평가하고, 내부 보고 및 의사결정을 지원하며, 정부 및 이해관계자 대응 자료로 활용할 수 있다. 체계적인 기사 분석은 위기 확산을 방지하고 신뢰를 유지하는 데 중요한 역할을 한다. 이를 위해 다음과 같은 기준을 활용할 수 있다.

★ 기사의 분류 방법

(1) 기사 성격에 따라 긍정적, 중립적, 부정적 기사로 나뉜다. 긍정적 기사는 기업의 대응을 긍정적으로 평가하거나 위기 상황에서의

긍정적인 요소를 강조하며, 중립적 기사는 객관적으로 사건을 보도하고 기업의 입장과 사건의 진행 상황을 전달한다. 반면, 부정적 기사는 기업의 잘못이나 부정적인 영향을 강조하며 비판적인 관점을 취한다.

(2) 언론사의 유형에 따라 주요 언론사, 전문 매체, 지역 언론, 소셜미디어 및 블로그로 구분된다. 주요 언론사는 영향력이 큰 대형 언론사 및 방송사를 의미하며, 전문 매체는 식품 안전이나 소비자 보호 등 특정 분야를 다루는 매체이다. 지역 언론은 특정 지역의 이슈에 집중하고, 소셜미디어나 블로그는 공식 언론은 아니지만 여론 형성에 영향을 미칠 수 있다.

(3) 기사의 주제에 따라 기업의 대응 방안, 소비자 반응, 정부 및 규제 기관 입장, 사건의 원인 분석, 경제적 영향 등으로 분류된다.

(4) 위기 심각도에 따라 긴급 기사와 추후 대응 가능 기사로 구분된다. 긴급 기사는 즉각적인 대응이 필요한 상황을 보도하며, 추후 대응 가능 기사는 장기적으로 해결할 수 있는 이슈나 사건의 진행 상황을 다룬다.

(5) 기사의 전달 방식에 따라 뉴스 보도, 사설 및 논평, 인터뷰 및 분석 기사로 나뉜다. 뉴스 보도는 사건의 사실을 전달하고, 사설 및 논평은 언론사의 관점이나 전문가의 의견을 담으며, 인터뷰 및 분석 기사는 전문가나 관련자의 의견을 바탕으로 심층적으로 다룬다.

⭐ 기사의 카운팅 기준

(1) 기사 출처에 따른 카운팅은 언론사별 기사 수, 매체 유형별 기사 수, 지역별 기사 수로 나뉜다. 이를 통해 특정 언론사의 관심도나 영향력을 파악하고 방송, 신문, 인터넷 뉴스 등 다양한 매체 유형과 국내외 지역별 반응을 분석할 수 있다.

(2) 기사 주제에 따른 카운팅은 핵심 주제별 기사 수와 다양한 주제를 다룬 기사 수를 포함한다. 기업 대응, 소비자 반응, 사건 원인, 경제적 영향 등 주요 주제별로 기사를 분류하고, 한 기사에 여러 주제가 포함될 경우 중복 카운팅이나 비율을 산출해 각 주제의 비중을 파악한다.

(3) 기사 성격에 따른 카운팅은 긍정적, 중립적, 부정적 기사 수를 기반으로 이루어진다. 특히 부정적 기사의 증가 추이를 분석해 일정 기간 동안 비판적 보도의 변화 양상을 파악할 수 있다.

(4) 기사 형태에 따른 카운팅은 단순 보도와 심층 분석 기사, 그리고 인터뷰 기사를 구분한다. 일반적인 보도와 전문가 의견을 담은 심층 기사의 수를 비교해 위기의 심각도나 관심도를 평가하고, 인터뷰 기사는 여론 형성에 미치는 영향을 분석한다.

(5) 발행 시기에 따른 카운팅은 발생 초기 기사와 후속 보도를 구분해 초기 대응과 장기적 대응의 차이를 비교한다. 또한 일별, 주별 기사 수를 모니터링해 기사의 증가 및 감소 추이를 통해 위기 대응의 효과를 분석한다.

(6) 온라인 반응을 포함한 카운팅은 소셜미디어 언급 수와 기사 댓글 및 공유 수를 포함한다. 뉴스 기사뿐 아니라 소셜미디어에서의 언급량을 분석하고, 기사에 대한 댓글과 공유 수를 통해 여론의 반응과 확산 정도를 파악한다.

위기 대응에서 언론 기사를 분류하고 카운팅하는 작업은 단순한 통계 정리가 아니다. 이는 위기의 확산 정도를 정량적으로 파악하고, 여론의 흐름과 핵심 이슈를 구조화하며, 향후 대응 전략을 설계하는 데 필수적인 기반 자료로 활용된다.

특히 기업은 이 데이터를 바탕으로 대응 메시지를 조정하고, 보도자료나 인터뷰 방향을 설정하며, 정부 기관과의 소통 자료로도 적극 활용할 수 있다. 또한 사후 분석을 통해 커뮤니케이션 전략의 효과를 평가하고, 반복되는 위기에서 학습한 내용을 내재화하는 데에도 중요한 역할을 한다.

결국 체계적인 기사 분류와 카운팅은 단순 대응을 넘어, 기업의 명성과 신뢰를 지키기 위한 전략적 리스크 관리 활동의 핵심 도구라 할 수 있다.

5.
외부 협력 등 비상상황 대응 가이드

위기 상황에서는 시간과 정보가 곧 생명이다. 기업 내부의 인력과 자원만으로는 위기의 급속한 확산, 언론의 보도 속도, 여론의 반응에 충분히 대응하기 어려운 경우가 많다. 특히 기사 모니터링과 여론 분석은 전문성과 속도, 기술이 요구되기 때문에 외부 기관과의 협력, 자동화 도구 활용, 조직 내부의 역할 조정 등이 복합적으로 이뤄져야 한다. 이 장에서는 비상 상황에서 기업이 실질적으로 활용할 수 있는 대응 방안과 외부 전문기관 등의 운영 전략을 제시한다.

★ 외부 전문기관 및 대행사 활용

PR 대행사 활용
위기 대응 경험이 풍부한 PR 대행사는 언론 대응 전략 수립부터 보도자료 작성, 언론사 접촉, 위기 프레이밍 분석까지 빠르게 움직일 수 있는 전문 인력과 시스템을 갖추고 있다. 특히 미디어 모니터링 전문 업체는 실시간 기사 수집과 감성 분류, 주요 이슈 분석까지 자동화된 플랫폼으로 제공해 기업 내부 리소스를 절약할 수 있다.

언론 모니터링 서비스 활용

AI 기반 언론 모니터링 서비스는 실시간 기사 수집은 물론, 긍정·중립·부정 성향 자동 분석 기능을 제공하여 위기 확산 정도를 빠르게 파악할 수 있게 한다. 예를 들어 제품명, 사건명 등 특정 키워드에 대한 언론의 태도를 즉시 수치화해 제공하므로 내부 인력의 분석 부담을 크게 줄여준다.

★ 자동화된 분석 도구 도입

AI 및 빅데이터 분석 툴 도입

자연어 처리 NLP 기술을 활용한 AI 도구는 방대한 기사들을 자동으로 분류하고 감성 분석 긍정·부정·중립 을 수행할 수 있다. 또한 시간대별, 키워드별 기사 수 자동 카운팅 기능을 통해 위기의 확산 경로와 강도를 직관적으로 파악할 수 있다.

소셜 리스닝 도구 병행

기사만이 아니라, SNS상의 언급량, 키워드 확산, 댓글 반응 등을 분석하는 '소셜 리스닝 도구'를 병행함으로써 언론과 온라인 여론의 흐름을 종합적으로 모니터링할 수 있다.

★ 인력 임시 보강

임시 전문인력 고용
위기 대응 경험이 있는 외부 인력을 단기 고용하여 모니터링, 분석, 리포트 작성 등을 지원하게 함으로써 내부 인력의 과중을 분산시킨다.

부서 간 인력 차출
상황에 따라 고객 응대, 마케팅 등 관련 부서의 인력을 일시적으로 기사 대응 및 모니터링 업무에 배치하여 대응 조직을 유연하게 확장한다.

★ 긴급 대응 매뉴얼에 따른 간단한 분류체계 활용

간소화된 기준으로 신속 분류
초기에는 '긍정/중립/부정' 등 간단한 기준으로 빠르게 분류하고, 위기가 안정화된 이후에 세부적인 분석으로 전환한다. 신속성과 정확성의 균형을 유지하는 방식이다.

핵심 키워드 중심 카운팅

사건명, 제품명, 기업명 등 핵심 키워드 위주로 카운팅하여 빠르게 이슈의 규모를 파악하고 대응 리소스를 배분할 수 있다.

★ 위기대응 전담팀의 역할 조정

역할 재조정 및 우선순위 변경

위기 상황에서는 전담팀 내 역할을 유연하게 조정하여 기사 모니터링, 언론 대응, 대응 메시지 작성 등 핵심 업무에 인력을 집중시킬 수 있도록 한다.

긴급 대응 훈련 실시

사전 훈련을 통해 비상 시 대응에 투입 가능한 인력을 확보하고, 평시에는 전담 조직 외 인력도 위기 대응 프로세스를 숙지하도록 한다.

★ 외부 협력 네트워크 구축

산업 협회 및 유관 기관과 협력

한국식품산업협회, 소비자단체, 식약처 등과의 협력 체계를 구축해 위기 발생 시 정보 공유, 공동 대응, 전문가 자문 등을 받을 수 있도록 한다.

학계 전문가 자문 활용

위기 커뮤니케이션, 식품 안전, 여론 분석 등 관련 분야의 교수진이나 연구자를 사전에 자문단으로 확보해 두면 위기 상황에서 과학적이고 객관적인 시각으로 분석을 지원받을 수 있다.

　기업이 위기 상황에서 신속하고 정확하게 대응하기 위해서는 내부 대응 체계뿐 아니라 외부 자원과 협력 네트워크를 적절히 활용하는 역량이 필수적이다. PR 대행사, AI 모니터링 도구, 식품산업협회, 학계 전문가 등 다양한 외부 자원은 기업 내부의 한계를 보완하고, 위기 대응의 완성도를 높여준다. 비상 상황일수록 혼자서 모든 것을 해결하려 하기보다는, '미리 준비된 협력 시스템'이 가장 큰 무기가 될 수 있다. 이러한 외부 협력 기반은 단기 위기 대응뿐 아니라, 장기적 평판 회복과 신뢰 구축에도 결정적인 역할을 한다.

6. 고객상담팀 운영

앞서도 이야기한 바와 같이 식품기업이 제품을 생산해서 판매한다는 것은 소비자에게 먼저 말을 건넨 것이고, 고객의 소리를 듣는 소통 창구를 만들어 운영하는 것은 당연하다. 다만 회사의 규모를 고려해 전문 상담팀이 아니더라도, 훈련되고 교육된 직원이 고객을 상대하는 것이 고객에게 합당한 서비스이자 의무이다. 더욱이 그 회사의 제품에 품질 문제가 발생한 위기 상황에서는 더욱더 그렇다.

고객상담팀은 고객이 필요로 할 때 언제 어디서든 소비자의 목소리를 듣고 응답해야 하는 고객과의 최접점인 것이다. 뿐만 아니라 고객상담팀은 소비자 신뢰를 회복하는 데 매우 중요한 역할을 한다. "고객이 있어야 기업이 있다"는 말은 모든 기업의 숙명과도 같은 경영의 원칙이다.

위기 상황에서 신속하게 문제를 인정하고, 문제 해결 방법에 대해 상세히 설명하며, 소비자들이 느끼는 불편을 최소화하기 위한 보상 프로그램을 안내하는 등 상담팀을 통해 투명하게 정보를 제공함으로써 소비자들의 불안을 완화시킬 수 있고, 소비자들에게 회사가 문제를 진지하게 받아들이고 있다는 신호를 보내며, 장기적으로 신뢰를 회복하는 데 기여하게 된다. 이는 위기 확산을 방지하는 데 큰 역할을 한다. 잘못된 정보가 퍼지지 않도록, 모든 소비자에게 동일하고 일관된 정보를 제공하며, 이를 통해 불필요한 루머나 오해가 확산되는 것을 막는다.

만약 이 과정에서 상담이 늦어지거나 부정확한 정보가 제공되었다면, 소비자들은 더욱 큰 불안을 느꼈을 것이며, 이는 온라인상에서 부정적인 여론이 확산되는 결과를 초래하게 된다.

또한, 상담팀은 소비자들의 반응을 바탕으로 내부에 위기 관리 피드백을 제공한다. 소비자들이 가장 불편해하는 문제와 우려 사항을 신속히 파악하여 이를 회사 내부로 보고하며, 이를 통해 회사는 소비자들이 중점적으로 염려하는 부분에 대해 더욱 집중적으로 대응할 수 있고, 문제 해결 속도를 높일 수 있다.

고객상담팀은 장기적인 고객 관계 관리 CRM 를 통해 위기가 해결된 이후에도 소비자들과의 신뢰 관계를 유지하는 데 기여한다. 문제 해결 이후에도 상담팀을 통해 지속적으로 소비자들에게 문제 해결 경과를 안내하고, 품질 개선에 대한 노력을 투명하게 공개하면 이를 통해 소비자들은 위기 이후에도 그 회사와의 관계를 긍정적으로 유지하며, 재구매 의사를 만드는 데 큰 영향을 미치는 것이다.

⭐ 팀의 구성

위기 상황에서 고객상담팀은 기업과 소비자를 연결하는 최전선에 위치한다. 특히 식품기업에서는 소비자의 불안, 불만, 문의가 집중되기 때문에 상담팀의 역할이 더욱 중요하다. 고객의 신뢰를 지키고 위기 확산을 방지하기 위해서는 상담 업무의 전문성, 신속성, 정확성이 동시에 요구되며, 이를 위해 각기 다른 역할과 역량을 가진 인력이 유기적으로 구성되어야 한다.

이 장에서는 위기 대응 상담 조직의 핵심 구성 요소와 각 직무의 역할, 요구되는 역량을 구체적으로 살펴본다. 이를 통해 고객상담팀이 단순한 응대 조직을 넘어, 위기 상황을 관리하고 기업 이미지를 회복하는 데 기여하는 핵심 부서임을 이해할 수 있다.

팀 리더

팀 리더는 고객상담팀 전체를 이끄는 중요한 역할을 한다. 상담 품질을 관리하고, 위기 상황에서의 대응 전략을 수립하며, 팀원 간 협력을 조율하는 책임을 진다. 또한, 상담 데이터를 분석하여 팀 성과를 평가하고 개선점을 찾아 팀원들에게 피드백을 제공하는 역할도 맡고 있다. 이를 위해 팀 리더는 뛰어난 리더십과 문제 해결 능력, 전략적 사고, 그리고 팀 내외의 원활한 소통 능력을 갖춰야 한다.

상담 스태프

상담 스태프는 고객상담팀의 전반적인 운영을 지원하는 역할을 수행한다. 이들은 상담 기록을 관리하고, 상담원들이 고객과의 대화를 효율적으로 처리할 수 있도록 지원한다. 또한, 상담 자료 준비와 팀 내 교육자료 제공 등의 업무도 담당한다. 이러한 역할을 잘 수행하기 위해 상담 스태프는 멀티태스킹 능력과 세밀한 조직적 사고, 데이터 관리 능력이 요구된다.

전화 상담 직원

전화 상담 직원은 고객의 문의나 불만을 전화로 직접 응대하는 역할을 맡고 있다. 고객과의 전화 상담은 즉각적인 반응과 해결이 필요하므로, 이들은 신속하면서도 정확한 답변을 제공해야 한다. 특히, 고객의 감정을 읽고 적절한 대처를 통해 불안을 완화하는 것이 중요하다. 이 역할을 수행하려면 뛰어난 의사소통 능력과 문제 해결 능력, 그리고 친절하고 차분한 태도가 필수적이다.

채팅 상담 직원

채팅 상담 직원은 실시간 채팅을 통해 고객의 질문에 응답하는 역할을 맡고 있다. 고객과의 대화가 텍스트로 이루어지는 만큼, 빠르고 정확한 타이핑 능력이 요구되며, 동시에 여러 고객을 응대해야 하는 경우가 많아 멀티태스킹 능력도 중요하다. 채팅 상담 직원은 고객의 요구사항을 빠르게 파악하고, 명확하고 간결하게 답변할 수 있어야 한다.

소셜미디어 상담 직원

소셜미디어 상담 직원은 소셜미디어 플랫폼을 통해 고객과 소통하는 역할을 담당한다. 기업의 이미지와 브랜드를 관리하는 측면에서, 소셜미디어 상담 직원은 소비자와의 공개적인 상호작용을 통해 긍정적인 평판을 유지하는 것이 중요하다. 고객의 피드백에 신속하고 적절하게 대응하며, 부정적인 댓글이나 리뷰에 대해서도 전략적으로 대처할 수 있는 능력이 요구된다.

AI 챗봇 및 자동상담시스템 관리자

AI 챗봇 및 자동상담시스템 관리자는 AI 기반의 자동화된 상담 시스템을 운영하고 관리하는 역할을 맡는다. 이들은 챗봇이 정확하고 일관된 답변을 제공할 수 있도록 시스템을 유지 보수하며, AI가 학습할 수 있는 데이터를 수집하고 분석한다. 이러한 역할을 수행하려면 기술적 이해와 데이터 분석 능력이 필요하며, 고객의 문의 패턴을 이해하고 시스템을 최적화할 수 있는 능력이 요구된다.

이메일 상담 직원

이메일 상담 직원은 고객이 이메일로 보낸 문의 사항을 처리하는 역할을 한다. 이메일 상담은 주로 서면으로 이루어지므로, 이메일 상담 직원은 명확하고 논리적인 글쓰기 능력이 필수적이다. 또한, 고객의 문제를 신속하고 정확하게 해결할 수 있도록 이메일 응답 시간이 중요한 지표로 작용한다.

영상 상담 직원

영상 상담 직원은 영상통화를 통한 고객과의 상호작용을 담당한다. 주로 복잡한 문제나 시각적인 설명이 필요한 상황에서 사용되며, 고객에게 더욱 개인화된 서비스를 제공할 수 있다. 영상 상담 직원은 대면 상담과 유사한 방식으로 고객과 소통해야 하며, 전문적인 태도와 대화 능력이 요구된다.

다국어 상담 직원

다국어 상담 직원은 여러 언어로 상담을 제공하는 역할을 맡는다. 다국적 소비자를 대상으로 하는 식품기업에서는 다양한 언어로 고객의 문의에 응답하는 것이 매우 중요하다. 이를 위해 다국어 상담원은 해당 언어에 대한 유창한 구사 능력뿐만 아니라, 문화적 이해도와 민감성을 가지고 있어야 한다.

방문 상담 직원

방문 상담 직원은 고객이 직접 방문하는 경우 대면 상담을 제공하는 역할을 맡는다. 방문 상담은 대면으로 이루어지는 만큼, 상담 직원이 고객과의 신뢰 관계를 형성하고, 친밀한 소통을 할 수 있는 능력이 필요하다. 또한, 문제 해결을 위한 빠른 판단과 신속한 대응력이 중요하다.

★ 역량을 갖춘 직원 채용

상담 직원을 채용할 때는 전문성과 커뮤니케이션 능력, 고객 중심의 사고방식, 문제 해결 능력, 감정 관리에서 탁월한 역량을 가진 인재를 선발하는 것이 중요하다. 특히, 식품기업의 특성에 맞춘 제품 및 서비스 지식, 스트레스 관리 능력, 디지털 기술 활용 능력 등이 중요한 평가 기준이 된다. 이러한 역량을 갖춘 상담 직원은 소비자 신뢰를 유지하고, 기업의 리스크 대응력을 강화하는 데 매우 중요한 역할을 한다.

탁월한 커뮤니케이션 능력

- **구두 및 서면 커뮤니케이션 능력** : 상담 직원은 전화, 채팅, 이메일 등 다양한 채널을 통해 소비자와 소통해야 하므로, 명확하고 친절하게 정보를 전달할 수 있는 구두 및 서면 커뮤니케이션 능력이 필수적이다.
- **적극적 경청 능력** : 소비자의 문의나 불만을 정확히 이해하고, 그들

의 요구를 충족시킬 수 있는 솔루션을 제공하기 위해 적극적으로 경청하는 자세가 필요하다.

고객 중심의 사고방식
- **친절하고 공감하는 태도** : 소비자와의 소통에서 친절하고 공감하는 태도를 유지하여 신뢰를 형성하고, 소비자에게 긍정적인 경험을 제공할 수 있는 역량이 중요하다.
- **소비자 만족 우선 접근법** : 소비자의 불만이나 문제를 해결하는 데 있어 소비자 만족을 최우선으로 생각하며, 그들의 입장에서 문제를 해결하고자 하는 적극적인 자세가 필요하다.

문제 해결 및 갈등 관리 능력
- **신속한 문제 해결 능력** : 다양한 문제 상황에서 빠르게 상황을 분석하고, 적절한 해결책을 제시할 수 있는 문제 해결 능력이 중요하다.
- **갈등 관리 능력** : 소비자 불만이나 갈등 상황에서 침착하게 대응하고, 감정적으로 대응하지 않으며, 해결 방안을 제시하는 능력이 요구된다.

스트레스 관리 및 감정 조절 능력
- **고난도 상황 대응 능력** : 어려운 소비자나 까다로운 문제를 다룰 때, 스트레스를 효과적으로 관리하고 감정을 조절할 수 있는 능력이 필요하다.
- **전문적 태도 유지** : 감정적인 상황에서도 전문가로서의 태도를 유지

하며, 차분하고 논리적으로 대응할 수 있는 역량이 중요하다.

다양한 채널에서의 멀티태스킹 능력
- **멀티 채널 소통 역량** : 전화, 채팅, 이메일, 소셜미디어 등 여러 채널을 동시에 관리하고, 효과적으로 소비자 요청에 응답할 수 있는 능력이 필요하다.
- **디지털 소통 기술** : 특히 채팅 상담이나 소셜미디어 관리가 필요한 경우, 빠르고 정확하게 타이핑하며, 디지털 도구를 활용해 소비자와 효과적으로 소통할 수 있어야 한다.

제품 및 서비스 지식
- **깊이 있는 제품 이해** : 식품기업에서는 제품의 안전성, 원재료 정보, 사용법 등에 대한 전문적 지식이 필요하다. 이를 통해 소비자에게 신뢰할 수 있는 정보를 제공하고, 문제 발생 시 신속하게 해결책을 제시할 수 있다.
- **지속적인 학습 의지** : 제품이나 서비스의 변화에 따라 지속적으로 학습하고, 최신 정보를 업데이트하려는 자세가 필요하다.

협업 및 팀워크 능력
- **팀 내 협력 능력** : 상담팀 내 다른 팀원들과 협력하여 복잡한 문제를 해결하고, 필요한 경우 다른 부서와도 원활하게 협력할 수 있는 능력도 중요하다.

- **정보 공유와 협조적인 태도** : 리스크 상황에서 팀 내 소통이 중요하므로, 자신이 가진 정보를 공유하고, 동료들과 협력하여 공동의 목표를 달성하려는 태도가 필요하다.

언어 및 다문화 이해 능력
- **다국어 구사 능력** : 글로벌 소비자와의 소통이 필요한 경우, 영어를 포함한 다국어 구사 능력은 큰 장점이 된다. 특히, 다국어를 유창하게 사용할 수 있는 상담 직원은 다양한 소비자와의 소통을 강화하는 데 도움이 된다.
- **문화적 민감성** : 다양한 문화적 배경을 이해하고 존중하며, 각 문화에 맞게 소비자에게 서비스를 제공할 수 있는 능력이 중요하다.

디지털 및 기술적 능력
- **CRM 및 상담 소프트웨어 활용 능력** : CRM 고객관계관리 시스템과 상담 소프트웨어를 잘 다루고, 이를 활용해 상담 이력을 관리하고 문제를 추적하는 능력이 필요하다.
- **기술 이해도** : AI 챗봇, 소셜미디어 관리 도구, 모바일 앱 등 다양한 디지털 도구를 활용해 소비자와의 소통을 강화하고, 문제 해결을 지원할 수 있는 능력이 필요하다.

윤리적 의식 및 책임감
- **정직성과 책임감** : 상담 직원은 소비자에게 정직한 정보를 제공하

며, 문제 해결을 위해 최선을 다하는 책임감 있는 태도가 요구된다.
- **기업 윤리와 규정 준수** : 기업의 규정과 윤리적 기준을 준수하며, 민감한 정보를 적절히 관리할 수 있는 윤리의식이 필수적이다.

★ 직원교육 : 입문 교육 과정

상담 직원의 채용 후 교육 과정은 직무 수행에 필요한 역량을 개발하고, 기업의 제품과 서비스에 대한 깊이 있는 지식을 제공하며, 실전에서의 대응력을 강화하는 데 중점을 둔다. 특히 식품기업의 특성에 맞춘 리스크 커뮤니케이션과 소비자 응대 능력을 체계적으로 교육하여, 상담 직원들이 전문성을 가지고 업무를 수행할 수 있도록 해야 한다.

입문 교육
- **기업 소개 및 문화 교육** : 식품기업의 사명, 비전, 핵심 가치, 조직 구조 등을 소개하며, 기업 문화와 윤리 기준을 이해하도록 한다. 이를 통해 직원들이 기업의 철학과 목표에 맞춰 일할 수 있도록 한다.
- **직무 및 역할 소개** : 상담 직원으로서의 주요 역할과 책임, 그리고 상담팀의 구조와 각 채널 전화, 채팅, 방문, 소셜미디어 등 별 업무에 대해 설명한다. 이를 통해 각자가 맡게 될 역할을 명확히 이해하고, 협업할 부서 및 팀에 대한 이해를 높인다.

제품 및 서비스 교육

- **제품 기본 정보 및 사용법 교육** : 기업이 제공하는 모든 제품의 특징, 사용법, 주요 원재료, 보관 방법, 그리고 소비자가 자주 문의하는 사항에 대해 교육한다. 이는 소비자 질문에 정확하게 답변하고, 문제 발생 시 신속하게 해결책을 제시할 수 있게 한다.
- **제품 안전성과 관련 법규 교육** : 식품 안전 기준, 관련 법규, 리콜 절차 및 위기 상황 발생 시 필요한 조치에 대한 교육을 제공한다. 이를 통해 상담 직원이 제품의 안전성과 관련된 문제를 전문적으로 다루고, 규제기관과의 협력 절차를 이해할 수 있도록 한다.

커뮤니케이션 및 고객 응대 기술 교육

- **소비자 유형별 응대 전략** : 다양한 소비자 유형 예:불만소비자,정보탐색소비자,클레임소비자등 에 따른 맞춤형 응대 기술을 교육한다. 각 유형별로 적절한 언어와 태도를 사용하여 소비자 만족을 극대화하는 방법을 배우게 된다.
- **공감과 적극적 경청 기술** : 소비자와의 신뢰를 구축하고, 긍정적인 경험을 제공하기 위해 필요한 공감 능력과 경청 기술을 교육한다. 이를 통해 소비자가 불만을 표출할 때나 복잡한 문제를 설명할 때, 이를 효과적으로 이해하고 대응할 수 있도록 한다.

리스크 및 위기 대응 교육

- **리스크 커뮤니케이션 기본 원칙** : 식품기업에서 발생할 수 있는 다양한 리스크에 대해 이해하고, 위기 상황에서 소비자와의 커뮤니케이

션을 어떻게 효과적으로 수행할지에 대한 기본 원칙을 교육한다. 이를 통해 리스크 발생 시 정확하고 일관된 정보를 소비자에게 제공하는 능력을 배양한다.

- **위기 상황 시나리오 훈련** : 실제 발생할 수 있는 리스크 상황 예:제품리콜,오염문제,품질불량등 에 대한 시나리오를 기반으로 모의 훈련을 진행한다. 상담 직원이 위기 상황에서 빠르게 대응하고, 소비자와 효과적으로 소통하는 능력을 실전과 유사한 환경에서 익히게 한다.

채널별 전문 기술 교육

- **전화 및 채팅 상담 기술** : 전화 상담과 채팅 상담에 필요한 기술을 교육한다. 전화 상담의 경우, 명확하고 친절한 음성 소통 기술을 강조하고, 채팅 상담의 경우 빠른 타이핑 능력과 디지털 커뮤니케이션 기술을 연습한다.
- **소셜미디어 관리 및 온라인 응대 교육** : 소셜미디어에서 발생하는 소비자 문의나 불만에 대응하는 방법을 교육하며, 소셜미디어상에서의 위기 관리 기술을 훈련한다.
- **AI 챗봇 및 자동화 시스템 사용법** : AI 챗봇 및 자동화 상담 시스템의 운영 방법을 교육하고, 기술적 문제 발생 시 이를 해결하는 절차를 익히도록 한다.
- **영상 상담 기술** : 영상 상담 시 필요한 비언어적 소통 기술과 프레젠테이션 스킬을 교육하여, 소비자와의 시각적 소통을 효과적으로 수행할 수 있게 한다.

상담 시스템 및 CRM 소프트웨어 교육

■ **CRM 소프트웨어 사용법** : CRM 소프트웨어를 사용하여 고객 정보를 기록하고, 상담 이력을 관리하며, 고객 데이터를 분석하는 방법을 교육한다.

■ **데이터 보안 및 개인정보 보호 교육** : 고객의 개인정보를 안전하게 관리하고 보호하기 위한 규정을 교육하며, 데이터 보안 및 윤리적 기준을 준수하는 방법을 설명한다.

코칭 및 멘토링 프로그램

■ **멘토 배정** : 신규 상담 직원에게 멘토를 배정하여 실전 상담을 진행하면서 지원을 받을 수 있도록 한다. 멘토는 실무 경험을 공유하고, 신입 직원의 상담 역량을 점검하며, 피드백을 제공한다.

■ **1:1 코칭 세션** : 초기 몇 주 동안 정기적으로 코칭 세션을 진행하여, 직원의 강점과 개선점을 파악하고, 이를 기반으로 맞춤형 교육을 추가적으로 제공한다.

실습 및 평가

■ **모의 상담 훈련** : 실제 소비자와 유사한 환경에서 모의 상담을 통해 실습하며, 상담 기술을 연마한다. 이를 통해 실전 경험을 쌓고, 자신감을 향상시킨다.

■ **피드백 및 평가** : 모의 상담 훈련 후 피드백을 제공하고, 평가를 통해 상담 직원의 성과를 점검한다. 필요한 경우 추가 교육을 제공하여

개선할 수 있도록 한다.

직원교육 : 역량 강화 교육 과정

기존 직원의 역량 강화를 위한 교육은 직무 효율성을 높이고, 변화하는 환경에 적응하며, 지속적으로 전문성을 유지하기 위해 필수적이다. 기존 직원들을 대상으로 하는 역량 강화 교육은 상담 기술, 리스크 관리, 디지털 역량, 팀워크 강화 등을 포함하며, 아래와 같은 프로그램을 통해 진행될 수 있다.

고급 상담 기술 교육
- **상황별 대응 전략** : 복잡한 소비자 문제나 까다로운 상황에 대처하는 고급 상담 기술을 학습한다. 예를 들어, 감정적으로 대응하는 소비자를 안정시키고, 문제를 해결하는 방법을 다룬다.
- **비언어적 커뮤니케이션** : 전화 상담이나 영상 상담에서 활용할 수 있는 비언어적 소통 기술 예: 음성 톤, 보디랭귀지 강화 교육을 통해 신뢰감을 높이는 방법을 교육한다.
- **공감과 감정 조절 훈련** : 감정적으로 힘든 상황에서도 소비자와 공감하며 차분하고 전문적인 태도를 유지하는 감정 관리 및 공감 능력을 개발한다.

리스크 관리 및 위기 대응 심화 교육

- **리스크 시나리오 분석** : 실제 사례를 바탕으로 리스크 상황을 분석하고, 효과적인 대처 방안을 모색하는 훈련을 진행한다. 이를 통해 다양한 리스크 상황에 대한 인식을 넓히고, 대응 능력을 강화한다.
- **리스크 커뮤니케이션 전략** : 위기 상황에서 소비자와 규제기관, 미디어와의 소통을 어떻게 관리할지에 대한 심화 교육을 통해, 위기 시 신속하고 일관된 메시지를 전달하는 기술을 학습한다.
- **리스크 예방과 모니터링 기법** : 리스크 발생 가능성을 사전에 모니터링하고 예방할 수 있는 기법을 습득하여, 위기 상황을 최소화하는 전략을 배운다.

디지털 역량 강화 교육

- **CRM 및 데이터 관리 심화** : 기존의 CRM 시스템 사용법을 더욱 심화하여, 데이터 분석과 인사이트 도출 능력을 키운다. 이를 통해 소비자 패턴을 분석하고 맞춤형 서비스를 제공하는 능력을 강화한다.
- **소셜미디어 관리** : 소셜미디어 플랫폼을 통해 소비자와 효과적으로 소통하는 방법과 위기 상황의 소셜미디어 대응 전략을 교육한다.
- **AI 및 자동화 도구 활용** : AI 챗봇이나 자동 상담 시스템의 관리 및 최적화 방법을 심화 학습하여, 디지털 도구를 효율적으로 활용할 수 있도록 한다.

제품 및 서비스 전문성 강화 교육

- **신제품 및 서비스 업데이트** : 신제품 출시나 서비스 변경 시 기존 직원들이 최신 정보를 업데이트할 수 있도록 교육을 제공하여, 소비자에게 정확한 정보를 전달할 수 있도록 한다.
- **제품 심화 지식 교육** : 제품의 기술적, 영양적 특성과 제조 과정 등에 대해 심화 학습하여, 보다 전문적인 조언과 상담을 제공할 수 있는 능력을 개발한다.
- **규제와 법규 이해** : 식품 안전과 관련된 최신 규제와 법규에 대한 이해를 강화하여, 규제 준수와 리스크 관리에서 전문성을 유지할 수 있도록 한다.

고객경험 및 맞춤형 서비스 제공 교육

- **고객 맞춤형 서비스 제공** : 고객의 상담 이력과 데이터를 기반으로 맞춤형 서비스를 제공하는 방법을 학습하여, 고객 만족도를 극대화하는 전략을 배운다.
- **고객경험 관리** : 고객 접점에서의 경험을 개선하기 위한 기법과 도구를 학습하며, 긍정적인 경험을 제공하여 고객 충성도를 높이는 방법을 강화한다.
- **피드백 수용 및 개선 활동** : 고객의 피드백을 효과적으로 수용하고, 이를 서비스 개선에 반영하는 시스템을 이해하고 활용하는 방법을 교육한다.

팀워크와 협력 강화 프로그램

- **협업 기술 강화** : 상담팀 내에서 다른 팀원들과 협력하여 문제를 해결하는 기술을 배우고, 부서 간 협업을 효율적으로 수행하는 방법을 학습한다.
- **의사소통과 피드백 훈련** : 팀 내 원활한 소통과 피드백 제공 방법을 연습하여, 서로의 강점과 개선점을 공유하고 팀의 성과를 향상시킨다.
- **팀 빌딩 활동** : 팀워크를 강화하기 위한 워크숍과 팀 빌딩 활동을 통해 팀원들 간의 신뢰와 협력 관계를 강화한다.

리더십 개발 프로그램

- **팀 리더 역량 강화** : 팀 리더를 대상으로 리더십 기술, 성과 관리, 팀원 코칭 기술을 강화하여, 상담팀의 성과를 극대화하고 팀 내 협력을 촉진하는 방법을 학습하도록 한다.
- **갈등 관리 및 의사결정 능력** : 위기 상황에서 효과적인 의사결정을 내리고 팀원 간 갈등을 해결하는 기술을 개발한다.
- **피드백 및 성과 평가 방법** : 팀원들의 성과를 평가하고 피드백을 제공하는 방법을 학습하여, 팀의 성장을 지원할 수 있도록 한다.

피드백 및 모니터링 기술 교육

- **상담 품질 모니터링** : 상담 품질을 평가하고 개선할 수 있는 모니터링 기술을 교육하여, 서비스 수준을 일정하게 유지할 수 있도록 한다.
- **피드백 시스템 활용** : 고객 피드백을 분석하고, 이를 바탕으로 서비

스 개선 방안을 마련하는 방법을 교육하여, 고객경험을 지속적으로 향상시킨다.

지속적인 학습 및 자기개발 프로그램
- **온라인 교육 플랫폼 제공** : 직원들이 스스로 학습할 수 있는 온라인 교육 플랫폼을 통해 새로운 기술과 지식을 지속적으로 업데이트할 수 있도록 지원한다.
- **자기개발 계획 수립 및 지원** : 직원들이 자신의 역량을 개발할 수 있도록 맞춤형 자기개발 계획을 수립하고, 이를 달성하기 위한 지원을 제공한다.
- **정기 워크숍 및 세미나** : 최신 산업 동향, 상담 기술, 리스크 관리 방법 등에 대한 정기적인 워크숍과 세미나를 통해 직원들이 지속적으로 성장할 수 있도록 한다.

⭐ 시스템 구성

생활 밀착형인 식품은 고객의 반응이 예민하고 까다롭기 때문에 상담 과정에서 신중한 대응이 필요하다. 고객은 식품과 관련된 문제를 건강과 직결된 사안으로 인식한다. 따라서 작은 문제에도 민감하게 반응하며, 신속하고 정확한 해결을 요구한다. 불만이 적절히 처리되지 않으면 문제를 외부로 확산시킬 가능성이 높아지므로 체계적인 상담 시스템이 필요하다.

시스템을 효과적으로 운영하면 고객 신뢰를 확보하고 브랜드 이미지 강화에 도움이 되며, 업무 효율성을 높여 운영 비용을 절감할 수 있고, 위기 발생 시 신속하고 일관된 대응이 가능해진다. 하지만 CTI 10석을 기준으로 IVR, 녹취 시스템 기본형이 약 5천만 원 정도의 투자가 필요하고, 여기에 상담 애플리케이션과 VOC 등을 더하면 비용이 10억에 가깝다. 따라서 중소기업이나 온라인 판매 사업으로 영역을 확장하는 음식점 사업자의 경우 CTI, ARS, 녹취 시스템이 구

- **고객 상담 시스템**

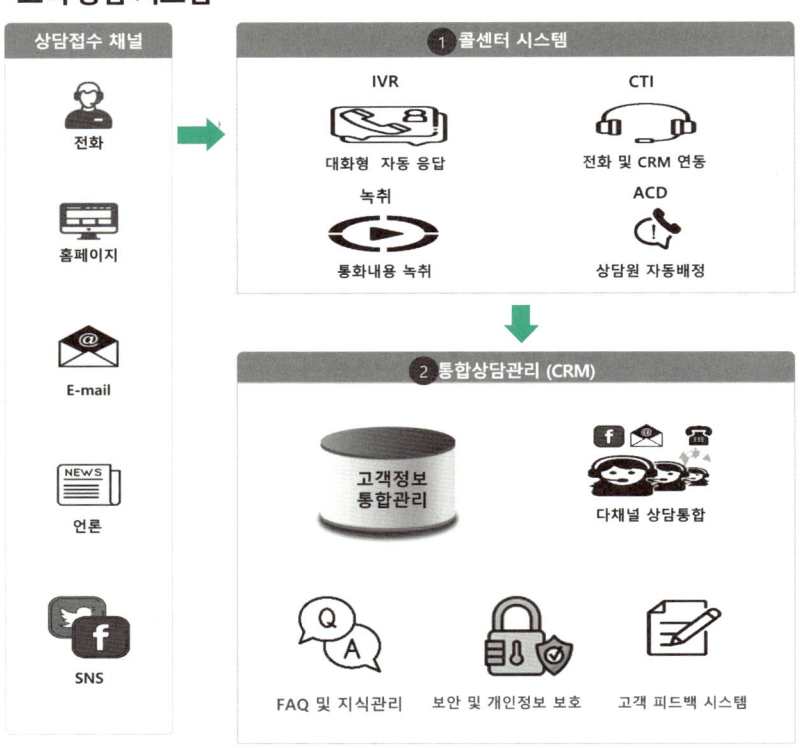

축된 회사와 월정료 시스템 사용 계약을 체결하고 채팅, 전화, 웹, 문자, 이메일 상담을 통합관리할 수 있는 방법도 있어 고려해 볼 만하다.

아래 그림은 고객 상담 시스템의 일반적인 구성을 설명하였다. 이 같은 고객 상담 시스템은 다양한 채널 전화, 홈페이지, 이메일, SNS 등 을 통해 접수된 고객 문의를 효율적으로 처리하고 관리하기 위한 통합적 상담 플랫폼이다. 이 시스템은 크게 ①콜센터 시스템, ②통합상담관리 CRM, ③AI 기반 자동화, ④성과관리 모니터링, ⑤추가 기능의 다섯 가지 영역으로 구성되어 있다.

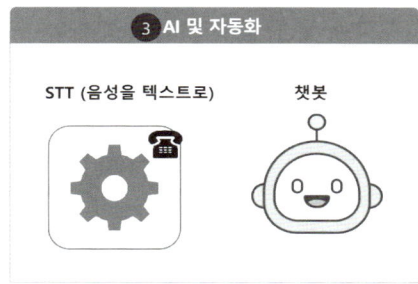

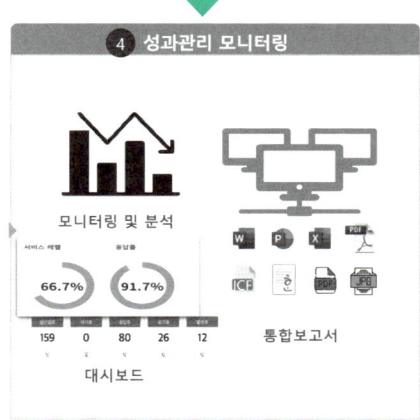

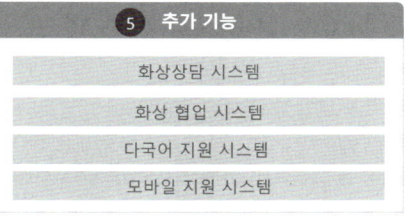

구분

① 콜센터 시스템
- IVR / CTI / 녹취 / ACD

② 통합상담관리(CRM)
- 고객정보 통합관리 / 다채널 상담통합 / FAQ 및 지식관리 / 보안 및 개인정보 보호 / 고객 피드백

③ AI 및 자동화
- STT / 챗봇

④ 성과관리 모니터링
- 모니터링 및 분석 / 대시보드 / 통합보고서

⑤ 추가 기능
- 화상상담 / 화상 협업 / 다국어 지원 / 모바일 지원

콜센터 시스템

(1) CTI(Computer Telephony Integration)

전화 시스템과 컴퓨터 시스템을 연동해 상담 직원이 전화를 받을 때 고객정보를 즉시 화면에 표시해 주는 시스템이다. CRM과 연동하여 고객의 이전 상담 내역, 구매 기록 등을 실시간으로 확인해 상담 품질을 높일 수 있다.

(2) IVR(Interactive Voice Response)

고객이 원하는 부서나 상담 직원에게 빠르게 연결되도록 도와주는 음성 응답 시스템으로, 간단한 문제는 자동으로 해결하거나 관련 부서로 안내한다.

(3) ACD(Automatic Call Distribution)

전화가 걸려 올 때 상담 직원의 업무량, 스킬에 따라 적합한 상담 직원에게 자동으로 배정하는 시스템이다.

(4) 녹취 시스템

모든 통화를 자동으로 녹음하여 나중에 재생하거나 분석할 수 있는 시스템이다. 상담 품질 평가, 법적 분쟁 해결, 직원 교육 자료로 활용할 수 있다. 고객의 프라이버시를 보호하기 위한 안전한 녹취 데이터 관리 시스템이다.

통합상담관리 시스템(CRM)

(1) 고객정보 통합관리

모든 고객정보를 통합적으로 관리하고 상담 기록을 저장하는 시스템이다. 상담 직원은 고객의 이전 상담 기록, 구매 내역 등을 실시간으로 확인하여 개인 맞춤형 상담을 제공할 수 있다.

(2) 다채널 상담 통합

전화, 이메일, 채팅, 소셜미디어 등 다양한 채널에서 발생한 고객상담을 한 곳에서 관리하여 일관된 고객경험을 제공한다. 상담 채널 간의 이동이 자유롭고, 모든 상담 이력을 하나의 시스템에서 관리할 수 있어 상담 직원이 고객과의 상호작용을 한눈에 파악할 수 있다.

(3) FAQ 및 지식관리 시스템

자주 묻는 질문 FAQ 과 해결 방안을 모아둔 지식 데이터베이스를 제공하여, 상담 직원이 고객 문제를 신속히 해결할 수 있도록 지원한다.

(4) 고객 피드백 시스템

상담 후 고객의 만족도 및 피드백을 수집할 수 있는 시스템이다. 이를 분석해 상담 서비스 개선에 활용하고, 고객의 요구에 더 나은 대응을 가능하게 한다.

(5) 보안 및 개인정보 보호 시스템

고객의 민감한 정보를 안전하게 보호하기 위한 보안 시스템이다. 데이터 암호화, 접근 제어, 보안 모니터링 기능을 포함해 고객의 개인정보를 철저히 보호한다.

AI 및 자동화 시스템

(1) STT(Speech-to-Text)

통화 내용을 실시간으로 텍스트로 변환하여 상담 내용을 자동으로 생성한다. 녹취된 내용을 텍스트로 저장해 검색 및 VOC 분석 용도로 활용할 수 있다. 고객 발언을 정확히 기록하여 상담 이력 및 법적 증거로 활용이 가능하다.

(2) 챗봇 시스템

고객의 간단한 문의에 대해 24시간 자동으로 응답하는 시스템이다. AI를 활용해 고객의 질문에 맞춤형 답변을 제공하고, 필요 시 상담 직원에게 이관한다.

성과관리 및 모니터링 시스템

(1) 모니터링 및 분석 시스템

상담원의 실시간 성과를 모니터링하고 상담 효율성, 처리 시간, 고객 만족도 등의 데이터를 분석하여 상담 품질을 지속적으로 개선한다. 상담 성과를 정량적으로 측정하여 팀과 개인의 성과를 평가하고, 전략적 결정을 내릴 수 있다.

(2) 대시보드(실시간 상황판)

상담팀 운영을 위한 대시보드는 팀의 성과를 실시간으로 모니터링하고, 필요한 데이터를 시각화하여, 신속한 의사결정과 문제 해결을 지원하는 필수적인 도구다. 대시보드는 상담팀의 운영 효율성과 성과를 극대화하기 위한 핵심 역할을 하며, 상담 품질 향상과 고객 만족도 증대에 기여할 수 있다. 대시보드를 효과적으로 활용하여 상담팀의 운영을 최적화하고, 서비스 개선 및 문제 해결에 필요한 인사이트를 지속적으로 얻는 것이 중요하다.

(3) 통합보고서 시스템

상담 성과, 처리 시간, 고객 만족도 등을 분석한 보고서를 생성해 상담 운영의 효율성을 높이고 전략적 결정을 지원한다.

추가 기능

(1) 화상상담 시스템

고객과 상담 직원이 실시간으로 얼굴을 마주 보며 상담할 수 있는 화상상담 시스템이다. 복잡한 문제나 시각적 설명이 필요한 상황에서 유용하며, 고객의 신뢰도를 높일 수 있다. 원격으로 상담을 진행하며, 글로벌 고객에게도 편리한 상담 옵션을 제공한다.

(2) 화상 협업 도구

상담 중에 상담 직원이 화면을 공유하거나 자료를 함께 볼 수 있는 기능을 포함한 시스템이다. 고객에게 제품 사용법을 시연하거나, 문제를 시각적으로 설명할 때 유용하다.

(3) 다국어 지원 시스템

다국적 고객을 위해 여러 언어로 실시간 상담을 지원하는 시스템이다. 번역 기능과 다국어 상담이 가능한 상담 직원 연결을 통해 글로벌 고객 상담을 지원한다.

(4) 모바일 지원 시스템

모바일 기기를 통해 상담 서비스를 제공할 수 있는 시스템이다. 고객은 스마트폰이나 태블릿을 통해 언제 어디서나 상담 서비스를 이용할 수 있다. 모바일 전용 앱을 통해 빠르고 편리하게 상담 요청을 할 수 있으며, 실시간 채팅, 화상상담 등의 기능을 통합해 제공한다.

★ 업무 매뉴얼

상담팀을 효과적으로 운영하기 위해서는 명확한 업무 매뉴얼이 필요하다. 이러한 매뉴얼은 상담 직원들이 일관성 있게 업무를 수행하고, 다양한 상황에서 적절히 대응할 수 있도록 가이드라인을 제공하며, 리스크를 최소화하고, 고객 만족도를 극대화하는 데 중요한 역할을 한다.

업무 매뉴얼은 업종과 기업문화를 대변하는 것으로 각 회사 사정에 맞는 맞춤옷과 같다. 매뉴얼의 작성은 회사가 추구하는 정체성이 구현되고, 업무 효율을 높이기 위함이기 때문에 문서 자체가 중요한 것이 아니라 지식화되어야 효과를 발휘할 수 있다.

다음은 상담팀에서 필요로 하는 주요 업무 매뉴얼의 종류이다.

기본 상담 매뉴얼

상담의 기본 절차와 고객 응대 시 지켜야 할 원칙을 명확히 규정하여 일관된 서비스 품질을 유지하도록 한다.

고객 상담은 명확한 절차와 태도를 유지하는 것이 중요하다. 상담 시작 시에는 친절하게 인사하고 자신의 소속과 이름을 밝힌 후, 고객의 문제를 공감하며 상담 목적을 명확히 확인해야 한다. 상담 종료 시에는 해결 여부를 확인하고 추가 문의 사항을 점검한 후, 감사 인사를 전하며 긍정적인 인상을 남긴다.

응대 태도에서는 친절하고 공손한 언어를 사용하고, 고객의 말을 끊지 않으며 적극적으로 경청하는 것이 중요하다. 단호한 표현보다는 완곡한 표현을 사용하고, 공감의 언어를 활용하여 고객이 신뢰할 수 있도록 응대해야 한다.

고객 응대 흐름은 '요구 사항 파악, 문제 해결, 피드백 수집'의 단계로 이루어진다. 고객의 문제를 명확히 이해한 후 신속하고 정확한 해결책을 제시해야 하며, 필요 시 담당 부서와 협의하여 최선의 해결책을 마련한다. 상담 후에는 만족도를 확인하고 고객의 피드백을 수집하여 서비스 개선에 반영해야 한다. 이를 통해 보다 효율적이고 만족스러운 고객 응대를 실현할 수 있다.

제품 및 서비스 관련 매뉴얼

고객 상담을 담당하는 직원은 기업의 제품과 서비스에 대한 정확한 정보를 제공할 수 있도록 제품 지식과 사용법을 숙지해야 한다. 이를 위해 제품의 주요 특징과 장점을 명확하게 파악하고, 사용법, 보관 방법, 안전 주의사항 등 소비자가 자주 묻는 질문에 대한 답변을 체계적으로 정리해야 한다. 또한, 안전을 고려하여 알레르기 유발 성분이나 주의해야 할 사항을 사전에 명확히 해야 한다.

　기업은 신제품 출시나 기존 제품 변경 사항이 있을 경우 상담 직원이 이를 신속하게 숙지할 수 있도록 정기적인 교육과 자료 업데이트를 제공해야 한다. 이를 통해 고객이 혼란을 느끼지 않도록 하고, 신뢰할 수 있는 상담 서비스를 제공할 수 있도록 한다. 체계적인 제품 및 서비스 매뉴얼을 구축함으로써 고객 만족도를 높이고 기업의 브랜드 가치를 강화할 수 있다.

리스크 대응 매뉴얼

위기 상황 발생 시 신속하고 적절하게 대응할 수 있도록 명확한 절차와 지침을 마련해야 한다. 이를 위해 제품 리콜, 품질 문제, 안전성 이슈 발생 시의 단계별 대응 절차를 수립하고, 규제기관 및 내부 부서와의 협력 체계를 구축한다. 또한, 위기 상황에서 소비자에게 전달할 메시지와 커뮤니케이션 방식을 정리하여 혼란을 최소화하고 신뢰를 유지해야 한다.

　리스크 발생 시 초기에는 문제를 신속하게 확인하고 원인을 분석하며, 내부 비상 대응팀을 소집하여 대응 방안을 논의한다. 리콜이 필요한 경우 제품 회수 방법과 보상 절차를 마련하고, 고객 문의에 대한 일관된 답변을 제공한다. 규제기관과 긴밀히 협력하여 법적 기준을 준수하고, 품질관리팀, 생산팀, 홍보팀 등 내부 부서 간 원활한 정보 공유와 협력을 통해 대응 조치를 실행한다. 소비자 커뮤니케이션에서는 신속성과 투명성이 중요하며, 문제 발생 사실과 대응 조치를 정확하게 전달해야 한다. 공식 발표를 통해 신뢰를 확보하고, 리콜 및 보상 절차를 명확히 안내한다.

위기 상황 종료 후에는 재발 방지 조치를 공유하여 책임감을 강조하고 소비자 신뢰를 회복해야 한다. 체계적인 리스크 대응 매뉴얼을 통해 기업은 위기 상황에서도 신속하고 일관된 대응을 수행할 수 있으며, 브랜드 이미지를 보호할 수 있다.

채널별 상담 매뉴얼

전화, 채팅, 소셜미디어, 방문 상담 등 다양한 상담 채널에서 일관되고 효율적인 응대가 이루어질 수 있도록 각 채널별 상담 절차와 기술을 명확히 규정해야 한다.

전화 상담에서는 정중한 인사와 함께 고객의 문의를 적극적으로 경청하며, 불만 사항이 발생할 경우 감정적 대응을 지양하고 논리적인 해결책을 제시해야 한다. 채팅 상담은 빠른 응답 속도를 유지하면서도 명확하고 이해하기 쉬운 문장을 사용해야 하며, 감정을 자극하는 표현은 피하고 긍정적인 표현을 활용해야 한다. 소셜미디어 상담은 브랜드 이미지 보호를 고려하여 각 플랫폼별 가이드라인을 준수해야 하며, 부정적인 피드백에 대해서는 삭제보다는 경청과 해결책 제시를 우선해야 한다. 위기 발생 시에는 신속하게 공식 입장을 발표하고, 불필요한 논란을 최소화하는 것이 중요하다. 방문 상담에서는 문제 제품을 직접 확인한 후 신속하고 정확한 해결책을 제공해야 한다.

이처럼 각 상담 채널의 특성에 맞는 매뉴얼을 마련하고 실행함으로써, 기업은 고객에게 신뢰도 높은 상담 서비스를 제공하고, 만족도를 향상시킬 수 있다.

고객 불만 및 클레임 대응 매뉴얼

고객 불만과 클레임을 효과적으로 처리하여 신뢰를 유지하고, 문제를 신속히 해결할 수 있도록 체계적인 대응 매뉴얼을 마련해야 한다. 이를 위해 불만 유형별 표준 응답 템플릿을 준비하고, 클레임 접수 후 원인 분석, 내부 부서 협력, 해결책 제시의 절차를 명확히 규정해야 한다.

고객 불만이 접수되면 경청과 공감을 우선하며, 표준화된 응답을 통해 신뢰를 형성해야 한다. 이후, 관련 부서와 협력하여 문제 해결 방안을 신속히 마련하고, 교환·환불·보상 등의 정책을 고객이 이해하기 쉽게 안내해야 한다.

불만 해결 후에는 고객 만족도를 조사하고 피드백을 수집하여 서비스 개선에 반영해야 한다. 이를 통해 고객과의 신뢰를 유지하고, 신속하고 일관된 대응을 통해 기업의 서비스 품질을 지속적으로 향상시킬 수 있다.

개인정보 보호 및 보안 매뉴얼

고객의 개인정보를 안전하게 관리하고, 상담 중 발생할 수 있는 보안 문제를 예방하기 위해 명확한 지침을 마련해야 한다. 고객 정보는 수집 시 동의를 받고 법적 기준에 따라 저장·삭제해야 하며, 접근 권한을 최소화하여 보호해야 한다.

상담 중에는 비밀번호나 금융 정보와 같은 민감한 정보를 요청하거나 공유하는 것을 금지하며, 고객 상담 기록은 불필요하게 저장되지 않도록 관리해야 한다.

데이터 유출이 발생하면 즉시 내부 보고 체계를 따라 대응하고, 피해를 최소화하는 조치를 시행해야 한다. 또한, 규제기관과 고객에게 필요한 정보를 투명하게 제공하며, 재발 방지를 위한 대책을 마련해야 한다. 이를 통해 기업은 고객 신뢰를 유지하고 보안 사고를 예방할 수 있다.

CRM 및 시스템 사용 매뉴얼

상담팀은 CRM 시스템과 상담 소프트웨어를 효율적으로 활용하여 고객 정보를 체계적으로 관리하고 상담의 일관성을 유지해야 한다. 이를 위해 로그인 및 고객정보 검색·기록 절차를 명확히 규정하고, 상담 이력 관리 시 정확성과 일관성을 유지해야 한다.

CRM 시스템 사용 시 보안 규정을 준수하며, 상담 내용은 간결하면서도 핵심 정보를 포함해야 한다. 또한, 개인정보 보호를 위해 불필요한 정보 저장을 지양해야 한다.

기술적 문제가 발생하면 기본적인 해결 절차를 수행한 후, 해결되지 않는 경우 IT 부서에 신속히 문의하고, 오류 내용을 상세히 기록하여 협력해야 한다. 이를 통해 상담팀은 고객 응대의 효율성을 높이고, 서비스 품질을 지속적으로 개선할 수 있다.

모니터링 및 피드백 관리 매뉴얼

상담 품질을 지속적으로 평가하고 개선하기 위해 체계적인 모니터링 절차와 피드백 관리 방법을 규정해야 한다. 이를 통해 상담 서비스의 일관성을 유지하고, 고객 만족도를 향상시킬 수 있도록 한다.

먼저, 상담 품질 평가를 위해 명확한 기준을 설정하고 모니터링 방법을 적용해야 한다. 상담 내용의 정확성, 고객 응대 태도, 문제 해결 능력 등을 점검하기 위해 통화 녹음 분석과 채팅 기록 리뷰를 활용하며, 이를 통해 상담 서비스의 개선이 필요한 부분을 식별하고 보완 방안을 마련해야 한다.

또한, 고객 피드백을 적극적으로 수집하고 분석하여 상담 서비스 개선에 반영해야 한다. 이를 위해 정기적인 고객 만족도 조사를 실시하고, 피드백 데이터를 체계적으로 분석하여 서비스의 강점과 보완이 필요한 부분을 파악한다. 분석된 데이터를 바탕으로 개선 방안을 도출하고, 실질적인 서비스 향상이 이루어질 수 있도록 한다.

상담 직원의 성과 평가 또한 중요하며, 객관적인 기준을 바탕으로 상담 직원의 역량을 평가하고 개별 피드백을 제공해야 한다. 이를 통해 상담 직원이 자신의 강점을 강화하고 부족한 부분을 개선할 수 있도록 지원하며, 필요 시 맞춤형 교육을 제공하여 지속적인 성장과 서비스 향상을 도모해야 한다.

이러한 모니터링 및 피드백 관리 절차를 운영함으로써, 기업은 상담 품질을 유지하고 향상시킬 수 있으며, 고객 만족도를 높이고 브랜드 신뢰도를 강화할 수 있다.

윤리 및 고객 서비스 표준 매뉴얼

상담 직원이 윤리적 기준을 준수하며, 고객에게 최상의 서비스를 제공할 수 있도록 명확한 가이드라인을 마련해야 한다. 상담 직원은 정직성을 유지하고 고객 정보를 철저히 보호하며, 소비자의 권리를 존중해야 한다.

고객 서비스 표준은 상담 품질 유지와 고객 만족 극대화를 목표로 하며, 모든 고객에게 공정하고 일관된 서비스를 제공해야 한다. 또한, 소비자 차별을 금지하고, 신속하고 공정한 문제 해결 절차를 갖춰야 한다.

윤리적 딜레마 발생 시 상담 직원은 회사의 공식 가이드라인을 따르고, 고객에게 정중하지만 단호한 태도로 원칙을 설명하며, 대안을 제시해야 한다. 이를 통해 기업은 신뢰 기반의 상담 서비스를 제공하고, 공정한 고객 응대 체계를 유지할 수 있다.

스크립트의 개념과 작성

스크립트는 상담 직원이 특정 상황에서 소비자와 소통할 때 일관성 있고 효과적인 응대를 할 수 있도록 작성된 대본이다. 스크립트는 특히 고객 응대에서 중요한 역할을 하며, 상담 직원들이 일관된 메시지를 전달하고 고객 만족을 극대화하는 데 도움을 준다. 고객들이 자주 하는 질문을 뽑아 작성한다.

① 인사 및 공감 : "안녕하세요, 고객님. 저는 [상담 직원 이름]입니다. 먼저 불편

을 겪으신 점 정말 죄송하게 생각합니다. 말씀해 주시면 최대한 빨리 문제를 해결할 수 있도록 하겠습니다."

② 문제 파악 및 해결 절차 안내 : "고객님께서 겪으신 문제에 대해 자세히 설명해 주시겠습니까? 확인 후 바로 해결 방안을 안내드리겠습니다."

③ 마무리 및 후속 조치 : "문제 해결을 위해 저희가 [구체적 해결 방안]을 진행하겠습니다. 이후 추가적인 도움이 필요하시면 언제든지 연락 주시기 바랍니다. 감사합니다."

세대별 응대 매뉴얼

소비자 세대별로 응대 방식을 차별화하는 것은 고객 만족도를 극대화하는 효과적인 전략이다. 각 세대는 선호하는 소통 방식, 커뮤니케이션 스타일, 문제 해결에 대한 기대치가 다르기 때문에, 이를 반영한 맞춤형 응대가 필요하다.

베이비붐 세대 1946~1964년생 는 대면 상담이나 전화 상담을 선호하며, 정중한 표현과 세부적인 설명을 중요하게 여긴다. 따라서 응대 시 공손한 언어를 사용하고, 문제 해결 과정과 세부 사항을 상세히 안내하는 것이 효과적이다.

X세대 1965~1980년생 는 전화와 이메일을 선호하며, 직접적이고 명확한 정보를 요구하는 경향이 있다. 응대 시 군더더기 없는 명확한 설명을 제공하며, 신뢰할 수 있는 구체적인 해결책을 제시하는 것이 중요하다.

밀레니얼 세대 1981~1996년생 는 채팅과 소셜미디어를 통한 빠르고

간편한 소통을 선호하며, 간결하면서도 실용적인 정보를 원한다. 응대 시 불필요한 설명을 줄이고, 핵심 정보만을 요약하여 전달하는 것이 효과적이며, 친근하면서도 전문적인 톤을 유지해야 한다.

Z세대 1997년 이후 출생 는 모바일 앱, 소셜미디어, AI 챗봇을 활용한 디지털 상담을 선호하며, 신속한 응답과 직설적인 해결책을 기대한다. 짧고 명확한 답변을 제공하고, 빠른 문제 해결이 가능하도록 자동화된 시스템과의 연계를 강화하는 것이 중요하다.

이처럼 세대별 특성을 반영한 맞춤형 응대를 통해, 고객과의 소통을 원활하게 하고 상담 만족도를 높일 수 있다.

위기 상황 응대 매뉴얼 : 제품 리콜

제품 리콜은 소비자 안전과 직결된 중대한 사안으로, 기업의 신뢰와 평판에 큰 영향을 미칠 수 있는 대표적인 위기 상황이다. 특히 상담 직원은 고객과의 최접점에서 기업의 대응 태도를 보여주는 역할을 하기 때문에, 리콜 안내 시 사용하는 언어, 태도, 절차 설명의 정확성이 매우 중요하다.

　본 매뉴얼은 제품 리콜 발생 시 고객 상담 직원이 일관되고 신속하며 신뢰감 있는 응대를 할 수 있도록 구성된 응대 스크립트이다. 인사 및 사과, 리콜 사유 안내, 절차 설명, 마무리 및 후속 조치 안내의 단계로 구성되어 있으며, 소비자의 불안을 최소화하고 기업의 책임 있는 태도를 전달하는 데 목적이 있다.

① 인사 및 리콜 설명 : "안녕하세요, 고객님. 저는 [상담직원 이름]입니다. 먼저 저희 제품 사용 중 불편을 끼쳐드려 진심으로 사과드립니다. 현재 [제품명]이 [리콜 사유 : 특정 원료의 품질 문제]로 인해 리콜 조치 중에 있습니다."

② 리콜 절차 안내 : "해당 제품을 소지하고 계신 경우, 가까운 매장으로 방문하시거나 저희 고객센터로 연락 주시면 교환 또는 환불을 진행해 드리겠습니다. 리콜 대상 제품은 [로트 번호나 제조일자]로 확인하실 수 있습니다."

③ 마무리 및 후속 조치 안내 : "고객님의 안전을 최우선으로 고려하여 신속히 조치하겠습니다. 추가 문의 사항이나 다른 문제가 있으시면 언제든지 연락해 주세요. 감사합니다."

배송 지연 문의 응대 매뉴얼

배송 지연은 고객의 기대와 직결된 민감한 사안으로, 작은 불편도 기업에 대한 신뢰 저하로 이어질 수 있다. 특히 식품과 같은 신선도나 기한이 중요한 제품의 경우, 정확하고 공감 있는 커뮤니케이션이 중요하다.

본 매뉴얼은 고객이 배송 지연에 대해 문의했을 때, 상담 직원이 정중한 사과와 함께 지연 사유를 명확히 설명하고, 고객의 불편을 최소화할 수 있는 안내와 대안을 제공할 수 있도록 구성된 응대 스크립트이다.

단계별로 인사 및 상황 확인, 지연 사유 설명 및 도착일 안내, 마무리 및 추가 지원으로 구성되어 있으며, 고객의 감정을 이해하고 신뢰를 회복할 수 있도록 돕는다.

① 인사 및 상황 확인 : "안녕하세요, 고객님. [상담직원 이름]입니다. 배송 지연으로 불편을 끼쳐드려 죄송합니다. 주문 번호를 알려주시면 바로 확인해 드리겠습니다."
② 지연 사유 및 예상 도착일 안내 : "고객님의 주문은 [날짜]에 출고되었으나, [지연 사유 : 물류센터의 시스템 점검]으로 인해 다소 지연되고 있습니다. 현재 예상 도착일은 [날짜]입니다."
③ 마무리 및 추가 지원 : "만약 다른 배송 방법을 원하시거나 추가적인 지원이 필요하시면 말씀해 주세요. 신속히 처리해 드리겠습니다. 기다려 주셔서 감사합니다."

프로모션 및 이벤트 안내 응대 매뉴얼

프로모션 및 이벤트는 단순한 마케팅 활동을 넘어, 고객과의 긍정적인 접점을 형성하고 브랜드에 대한 관심과 충성도를 높일 수 있는 기회이다. 상담 직원이 이벤트를 정확하고 매력적으로 안내하는 것은 고객의 참여율을 높이고, 기업 이미지를 향상시키는 데 중요한 역할을 한다.

본 매뉴얼은 고객이 이벤트 관련 문의를 했을 때, 상담 직원이 명확하고 친절하게 이벤트 내용과 혜택을 안내하고, 고객의 관심을 자연스럽게 참여로 유도할 수 있도록 구성된 응대 스크립트이다. 인사 및 기본 안내, 추가 혜택 설명, 마무리 권유 순으로 구성되어 있으며, 고객과의 유쾌한 소통을 통해 브랜드 호감도를 높이는 데 중점을 둔다.

① 인사 및 이벤트 설명 : "안녕하세요, 고객님. [상담직원 이름]입니다. 저희 프로모션에 관심 가져 주셔서 감사합니다. 현재 진행 중인 [이벤트명]은 [기간] 동안 [혜택]을 제공하고 있으며, 참여 방법은 [구체적인 방법]입니다."

② 추가 혜택 안내 : "고객님께서 이벤트에 참여해 주시면 [추가 혜택]도 함께 제공됩니다. 혹시 참여 방법에 대해 더 궁금하신 점이 있으시면 언제든지 문의해 주세요."

③ 마무리 : "이벤트 참여를 통해 좋은 혜택 받으시길 바랍니다. 감사합니다!"

7.
이슈 대응 메시지 작성

　이슈 발생 시 대응 메시지는 고객의 신뢰를 유지하고, 문제를 효과적으로 해결하는 데 있어 매우 중요한 역할을 한다. 적절하게 작성된 대응 메시지는 고객의 불안감을 완화하고, 기업의 전문성과 책임감을 보여줄 수 있는 수단이 된다. 아래는 대응 메시지 작성의 중요성과 구성요소, 그리고 구체적인 예시를 설명한 내용이다.

★ 대응 메시지 작성의 중요성 ─────────

신뢰 회복 및 유지
문제가 발생했을 때, 신속하고 정확한 메시지를 통해 고객에게 신뢰를 회복하고 유지할 수 있다. 메시지가 투명하고 진정성 있게 작성될수록, 고객은 기업이 문제 해결에 책임감을 가지고 있다고 느낄 것이다.

부정적 영향 최소화

이슈가 발생했을 때, 적절한 대응 메시지를 통해 잘못된 정보나 루머를 방지하고, 상황을 통제할 수 있다. 이를 통해 기업의 평판에 미칠 수 있는 부정적 영향을 최소화할 수 있다.

효과적인 문제 해결 촉진

명확한 지침과 해결 방안을 제시함으로써 고객이 문제를 이해하고 해결하는 데 도움을 줄 수 있다. 이는 문제 해결 속도를 높이고 고객의 만족도를 향상시킨다.

★ 대응 메시지 작성 시 구성요소

대응 메시지는 문제를 명확하게 설명하고, 고객에게 필요한 정보를 제공하며, 신뢰를 유지하는 데 필수적인 요소들을 포함해야 한다. 주요 구성요소는 다음과 같다.

진정성 있는 사과 표현

이슈가 발생한 것에 대해 진심으로 사과하고, 고객이 겪고 있는 불편에 대해 공감하는 태도를 보여야 한다. 이는 기업이 고객의 불만과 불편을 진지하게 받아들이고 있음을 나타낸다.
: "먼저, 고객님께 불편을 드려 진심으로 사과드립니다."

문제의 명확한 설명

문제의 원인이나 상황을 간략하고 명확하게 설명하여, 고객이 상황을 이해할 수 있도록 한다. 문제의 세부 사항을 설명하지 않으면, 고객이 불안감을 느끼거나 혼란스러울 수 있다.

: "현재 저희 [제품명]의 일부 로트에서 [문제 원인 : 원재료 공급 문제로 인한 품질 이상]이 발생한 것을 확인하였습니다."

책임감 있는 자세와 해결 방안 제시

기업이 문제 해결에 적극적으로 나서고 있으며, 고객을 위해 어떤 조치를 취하고 있는지 구체적으로 설명해야 한다. 이를 통해 고객이 기업의 책임감을 느끼고 신뢰할 수 있다.

: "해당 문제를 해결하기 위해 저희는 즉시 [조치 사항 : 제품 리콜 및 대체품 제공 절차]를 진행하고 있습니다."

후속 조치와 연락 방법 안내

문제 해결을 위한 구체적인 후속 조치를 안내하고, 고객이 추가적으로 문의할 수 있는 방법을 제공한다. 고객이 쉽게 연락할 수 있도록 콜센터 번호, 이메일 주소, 웹사이트 링크 등을 제공한다.

: "추가적인 도움이 필요하시거나 궁금한 점이 있으시면, 저희 고객센터([전화번호])로 연락 주시면 신속하게 안내드리겠습니다."

고객에 대한 감사와 긍정적인 마무리

고객의 이해와 협조에 감사 인사를 전하며, 긍정적인 마무리로 고객의 신뢰를 유지하고, 향후 개선된 서비스를 제공할 것을 약속한다.
: "문제 해결에 협조해 주셔서 감사드리며, 앞으로 더 나은 제품과 서비스를 제공할 수 있도록 최선을 다하겠습니다."

대응 메시지 작성 실례

제품 리콜 안내 메시지

제품 리콜은 고객의 신뢰를 크게 흔들 수 있는 중대한 사안이므로, 대응 메시지는 사실에 기반하면서도 신속하고 진정성 있게 작성되어야 한다. 본 메시지는 제품에 문제가 발생했을 때 고객에게 리콜 사실을 정확히 알리고, 교환·환불 절차를 안내하며, 기업의 책임 있는 태도를 전달하는 데 목적이 있다.

　　작성 시 핵심적으로 고려해야 할 요소는 다음과 같다.

① 진심 어린 사과 : 고객의 불편에 대해 우선적으로 공감과 사과의 뜻을 전한다.
② 문제의 명확한 설명 : 리콜의 원인과 대상 제품을 구체적으로 설명함으로써 고객이 문제를 정확히 인식할 수 있도록 한다.
③ 구체적인 조치 안내 : 리콜 대상 확인 방법, 교환·환불 절차, 고객센터 연락처 등 실질적인 도움을 받을 수 있는 정보를 포함한다.

④ 신뢰 회복 의지 표현 : 재발 방지를 위한 노력과 개선 의지를 명확히 전달하여 기업의 책임감 있는 태도를 보여준다.

이 메시지는 이메일, 문자, 웹사이트 공지 등 다양한 매체를 통해 고객에게 전달되며, 위기 상황에서 기업의 신뢰를 지키고, 고객 불안을 최소화하는 데 중요한 역할을 한다.

제목: [제품명] 리콜 안내 및 사과의 말씀

안녕하세요, 고객님.
먼저, 저희 제품 사용 중 불편을 겪으셨다면 진심으로 사과드립니다. 저희 [제품명]의 일부 로트에서 [문제 원인 : 원재료 이상으로 인한 품질 문제]가 발생하여, 해당 제품에 대해 리콜 조치를 진행하게 되었습니다.
현재 고객님께서 소지하고 계신 [제품명]이 리콜 대상 제품인 경우, 가까운 매장으로 방문하시거나 고객센터([전화번호])로 연락 주시면 교환 또는 환불을 신속히 도와드리겠습니다. 저희는 해당 문제를 해결하기 위해 모든 자원을 동원하여 최선을 다하고 있습니다.
다시 한번 고객님께 불편을 드린 점 사과드리며, 문제 해결에 협조해 주셔서 감사드립니다. 앞으로 더 나은 제품과 서비스를 제공할 수 있도록 최선을 다하겠습니다.
감사합니다.

[회사명] 고객센터 드림

배송 지연 사과 메시지

배송 지연은 고객의 기대와 직접적으로 연결되는 민감한 문제로, 기업의 신속하고 성의 있는 커뮤니케이션이 고객 불만을 줄이고 신뢰를 유지하는 데 결정적인 역할을 한다. 본 메시지는 배송 지연이 발생했을 때, 고객에게 정확한 정보를 제공하고, 사과의 뜻을 전달하며, 문의 창구를 안내하는 목적으로 작성되었다. 작성 시 고려해야 할 주요 요소는 다음과 같다.

① 개인화된 인사 : 고객 이름과 주문 번호를 포함하여 메시지의 신뢰도와 진정성을 높인다.
② 지연 사유의 명확한 전달 : 고객이 상황을 이해할 수 있도록, 지연 원인을 구체적으로 설명한다.
③ 예상 도착일 안내 : 고객이 향후 일정을 예측하고 계획할 수 있도록 정확한 예상 도착일을 제공한다.
④ 사과와 재확인 : 불편에 대한 사과와 함께 고객의 양해를 구하고, 문제가 해결되고 있다는 점을 재확인한다.
⑤ 문의 경로 안내 : 추가 문의나 요청이 있을 경우 고객센터나 이메일을 통해 쉽게 연락할 수 있도록 정보를 명확히 안내한다.

이 메시지는 이메일, 문자, 앱 알림 등을 통해 고객에게 발송되며, 배송 불만을 최소화하고 고객 이탈을 방지하는 데 중요한 커뮤니케이션 도구로 활용된다.

제목: 배송 지연에 대한 사과와 안내

안녕하세요, [고객님 이름]님.

먼저, 배송 지연으로 불편을 끼쳐드려 죄송합니다. 현재 [주문번호]의 배송이 [지연 원인 : 물류센터의 시스템 점검]으로 인해 지연되고 있습니다. 저희는 신속히 문제를 해결하기 위해 최선을 다하고 있으며, 현재 예상 배송일은 [날짜]로 안내드릴 수 있습니다.

고객님의 양해를 부탁드리며, 기다려 주셔서 감사합니다. 추가로 문의 사항이 있으시면 저희 고객센터([전화번호])나 [이메일 주소]로 연락주시면 빠르게 안내드리겠습니다.

다시 한번 사과드리며, 앞으로 더 나은 서비스를 제공할 수 있도록 노력하겠습니다.

감사합니다.

[회사명] 고객센터 드림

8. 소비자 클레임 처리

★ 소비자 클레임 문제해결 프로세스

소비자 클레임의 문제 해결 프로세스는 체계적이고 신속한 대응이 요구된다. 이를 통해 고객의 신뢰를 회복하고, 기업의 이미지 훼손을 최소화할 수 있다. 다음은 일반적으로 사용하는 소비자 클레임의 문제 해결 프로세스다.

1. 클레임 접수

■ **채널 다양화** : 고객의 클레임은 전화, 이메일, 웹사이트, 소셜미디어, 매장 방문 등 다양한 채널을 통해 접수될 수 있다. 이를 통합적으로 관리할 수 있는 시스템이 필요하다.

■ **자동 접수 시스템** : 클레임이 접수되면 CRM 시스템에 자동으로 등록되어 해당 부서나 담당자로 즉시 배정된다.

2. 클레임 분류
- **클레임 유형 파악** : 클레임의 성격에 따라 제품 불량, 서비스 불만, 배송 문제 등으로 분류한다.
- **심각도 평가** : 클레임의 심각도를 평가하여 해결 우선순위를 정한다. 심각한 문제_{건강 또는 안전 관련}는 즉시 상위 관리자나 전문팀에 보고된다.

3. 문제 조사 및 원인 분석
- **사실 확인** : 고객이 제기한 문제의 정확성을 확인하기 위해 제품 정보, 거래 내역, 배송 상태 등을 조사한다.
- **원인 분석** : 문제가 발생한 원인을 조사하고, 제품 결함, 제조 과정 문제, 물류 오류 등 다양한 가능성을 검토한다.
- **내부 부서 협력** : 클레임의 원인에 따라 생산, 품질관리, 물류, 마케팅 등 관련 부서가 협력하여 문제의 근본 원인을 찾는다.

4. 문제 해결 방안 도출
- **고객 맞춤형 해결책 제시** : 문제의 원인에 따라 교환, 환불, 추가 서비스 제공 등 고객이 만족할 수 있는 해결책을 제시한다.
- **보상 방안 검토** : 클레임이 기업의 과실로 확인될 경우, 추가 보상_{할인쿠폰, 사은품 등}을 검토하여 고객에게 제공한다.
- **커뮤니케이션 전략 수립** : 해결책과 함께 고객에게 명확한 설명과 사과를 전달하는 방식도 중요하다. 클레임 대응 시 고객의 감정을

고려한 대응이 필요하다.

5. 고객과의 소통
- **문제 진행 상황 안내** : 고객에게 클레임 진행 상황을 주기적으로 업데이트하며, 조사 및 해결 과정에서 투명성을 유지한다.
- **고객 응대 방식** : 클레임의 심각도와 고객의 성향에 따라 맞춤형 커뮤니케이션 방식을 사용한다. 예를 들어, 젊은 고객은 채팅이나 이메일을, 연령이 높은 고객은 전화나 대면 상담을 선호할 수 있다.

6. 문제 해결 완료 및 후속 조치
- **문제 해결** : 제안된 해결책을 실행하고, 고객이 만족하는지 확인한다. 예를 들어, 제품을 교환했을 경우 고객이 새 제품에 만족하는지 확인하는 절차가 필요하다.
- **피드백 요청** : 문제 해결 후 고객에게 피드백을 요청해 해결 과정에 대한 만족도를 평가한다. 이를 통해 서비스 개선에 필요한 데이터를 확보한다.
- **후속 관리** : 해결된 클레임에 대해 내부적으로 기록을 남기고, 향후 비슷한 문제가 발생하지 않도록 재발 방지 대책을 마련한다.

7. 내부 보고 및 개선
- **내부 보고** : 클레임 처리 결과 및 원인 분석 내용을 관련 부서와 공유하고, 반복적인 문제에 대해서는 사내 보고서 형태로 기록한다.

■ **프로세스 개선** : 클레임 원인에 대한 분석을 통해 제품, 서비스, 프로세스의 개선 사항을 도출하고 이를 반영한다. 반복적인 문제의 경우 품질 개선, 물류 체계 수정 등 실질적인 조치를 취한다.

8. 재발 방지 및 교육
■ **직원 교육** : 클레임 처리 후, 관련 사례를 교육 자료로 활용하여 상담 직원 및 관련 부서 직원들의 대응 역량을 강화한다.
■ **재발 방지 대책 수립** : 문제의 원인을 근본적으로 해결하기 위한 예방적 조치를 마련하고, 관련 프로세스를 강화하여 동일한 클레임이 발생하지 않도록 관리한다.

9. 클레임 처리 성과 분석
■ **성과 측정** : 클레임 처리의 성과를 정량적으로 평가하여 처리 시간, 고객 만족도, 재발률 등을 기준으로 분석한다.
■ **프로세스 최적화** : 처리 성과를 바탕으로 향후 클레임 대응 프로세스를 최적화하고, 더욱 신속하고 효율적인 해결책을 마련한다.

★ 교환 및 환불

식품기업에서 소비자 클레임으로 인해 발생하는 교환 및 환불 절차는 법적 기준에 따라 처리되며, 주로 소비자기본법, 제조물책임법 PL법,

식품위생법 등의 법령에 근거를 두고 이루어진다. 이러한 법적 기준은 소비자의 권리를 보호하고 기업의 책임을 명확히 하며, 교환 및 환불을 통해 소비자 피해를 최소화하는 것을 목표로 한다.

아래는 관련 법적 기준과 구체적인 방법에 대해 설명한다.

법적 기준

(1) **소비자기본법**

■ **소비자 보호** : 소비자는 구입한 제품에서 하자가 발생하거나 기대했던 성능을 충족하지 못할 경우 교환 또는 환불을 요구할 수 있다.

■ **계약 해지 및 환불** : 소비자는 제품의 하자가 있거나 불만족할 경우, 일정 기간 내에 계약 해지 및 환불을 요구할 권리가 있다. 특히 제품의 사용 목적에 중대한 결함이 있을 때는 즉시 환불 또는 교환이 가능하다.

(2) **제조물책임법(PL법)**

■ **제품 결함에 대한 배상 책임** : 제품 결함으로 인해 발생한 손해는 제조업체가 책임을 지며, 해당 제품은 교환 또는 환불 조치가 이루어져야 한다. 여기서 제품 결함은 설계 결함, 제조 결함, 경고 부족 등을 포함한다.

■ **환불 및 교환 기준** : 제품이 소비자의 안전에 해를 끼치거나 명백한 결함이 있는 경우, 소비자는 환불 또는 교환을 요구할 수 있으며 제조업체는 이를 신속히 처리해야 한다.

(3) 식품위생법

- **위해식품** : 소비기한이 경과한 식품, 이물질이 혼입된 식품 등 소비자의 건강에 직접적인 영향을 미치는 위해식품은 즉시 회수 및 폐기 처리가 되어야 하며, 소비자에게는 전액 환불이나 교환을 제공해야 한다.
- **회수 및 환불 의무** : 기업은 위해식품이 유통된 사실을 인지한 경우 해당 제품을 신속히 회수하고, 소비자에게 환불 또는 대체 제품을 제공할 법적 의무가 있다.

(4) 전자상거래법

- **전자상거래에서의 환불 기준** : 온라인으로 구매한 제품의 경우, 소비자는 수령 후 7일 이내에 변심 환불을 요청할 수 있다. 단, 식품은 포장이 개봉되거나 신선도가 훼손된 경우 환불이 제한될 수 있다.
- **불량 제품** : 제품에 하자가 있는 경우, 소비자는 수령 후 3개월 이내 또는 하자 발생을 인지한 날로부터 30일 이내에 교환 또는 환불을 요청할 수 있다.

교환 및 환불 처리 방법

(1) 교환 처리 방법

- **제품 결함 시 교환** : 제품에서 결함이 발견된 경우, 소비자는 해당 제품을 동일 제품으로 교환할 권리가 있다. 결함이 명백한 경우, 교환은 신속하게 이루어져야 한다.

- **대체 제품 제공** : 만약 동일한 제품이 재고 부족이나 생산 중단으로 인해 제공이 불가능할 경우, 기업은 유사한 대체 제품을 제안하거나 고객의 동의를 받아야 한다.
- **교환 절차** : 클레임 접수 → 제품 결함 확인 → 동일 제품 또는 대체 제품 제공 → 제품 발송 및 고객 확인
- **특이 사항** : 신선식품의 경우 소비기한이 짧아 신속한 교환 처리가 필요하며, 이는 소비자와의 충분한 협의하에 이루어져야 한다.

(2) 환불 처리 방법

- **전액 환불 기준** : 소비자는 제품에 결함이 있거나 기대했던 성능을 충족하지 못하는 경우, 구매한 제품에 대해 전액 환불을 요구할 수 있다. 환불은 구매 가격 전액을 반환하는 것을 의미하며, 제품 결함이 명백할 경우 기업은 이를 수용해야 한다.
- **환불 절차** : 클레임 접수 → 제품 결함 확인 → 환불 승인 → 구매 금액 전액 반환 → 환불 완료 통보
- **환불 기한** : 법적으로 정해진 환불 처리 기한은 없으나, 통상적으로 7일에서 14일 내에 처리하는 것이 일반적이다.
- **배송비 처리** : 제품 결함으로 인한 환불의 경우, 배송비는 전액 기업이 부담한다. 변심 환불의 경우에는 소비자가 반품 배송비를 부담하는 것이 일반적이다.

(3) 온라인 및 오프라인 처리 차이

■ **온라인 구매** : 온라인에서 식품을 구매한 경우, 소비자는 수령 후 7일 이내에 변심 환불을 요청할 수 있다. 단, 식품의 경우 포장을 개봉하거나 신선도가 훼손된 경우에는 변심 환불이 제한될 수 있다.

■ **오프라인 구매** : 오프라인에서 구매한 제품은 해당 제품을 매장에 직접 반납하여 환불 또는 교환이 이루어진다. 이 경우 제품 영수증이 필요할 수 있다.

(4) 이물질 혼입 및 소비기한 경과 제품에 대한 환불

■ **이물질 혼입** : 이물질이 식품에 혼입된 경우, 소비자는 해당 제품을 즉시 반납하고 환불 또는 교환을 요청할 수 있다. 이때, 기업은 제품을 회수하고 추가적인 보상 할인 쿠폰, 무료 제품 등 을 제공하는 경우도 있다.

■ **소비기한 경과** : 소비기한이 지난 제품은 즉시 회수 및 전액 환불 처리가 이루어져야 한다. 또한 해당 문제를 예방하기 위해 재발 방지 조치를 취하고 관련 부서에 보고해야 한다.

(5) 변심 환불

■ **변심 환불** : 소비자가 제품에 결함이 없음에도 불구하고 환불을 요청하는 경우, 기업은 일정 기간 내에 변심 환불을 처리할 수 있다. 단, 식품의 경우 신선도 유지가 중요한 경우에는 환불이 제한될 수 있으며, 포장이 개봉된 경우 변심 환불이 거부될 수 있다.

- **환불 시점** : 변심 환불은 보통 제품 수령 후 7일 이내에 요청해야 하며, 변심에 따른 환불 시 반품 배송비는 소비자가 부담하는 것이 일반적이다.

(6) 손해배상

- 제품에 결함이 있어 소비자가 신체적, 재산적 피해를 입은 경우, 손해배상 청구가 가능하다. 이때 PL법에 따른 손해배상 청구가 이루어지며, 기업은 해당 문제에 대해 법적 책임을 진다.
- 손해배상의 범위에는 의료비, 치료비, 정신적 고통에 대한 위자료 등이 포함될 수 있으며, 이는 법적 절차에 따라 처리된다.

교환 및 환불 처리 시 주의사항

- **명확한 안내** : 소비자에게 교환 및 환불 절차와 법적 권리에 대해 명확히 안내하고, 불만이 없도록 투명하게 진행해야 한다.
- **신속한 대응** : 제품 결함이나 클레임이 발생했을 때 신속하게 교환 및 환불을 처리해야 하며, 지연된 대응은 소비자 불만을 야기할 수 있다.
- **기록 관리** : 모든 교환 및 환불 처리는 문서로 기록되어야 하며, 법적 문제 발생 시 증거로 사용할 수 있도록 보관해야 한다.

★ 손해배상의 법적 기준과 방법

식품기업에서 소비자 클레임 처리 시 교환과 환불이 불가한 상황에서 손해배상이 요구될 수 있다. 이때 손해배상의 법적 기준과 방법은 소비자기본법, 제조물책임법 PL법, 민법 등의 규정에 근거해 이루어지며, 손해 발생 원인과 책임 소재에 따라 보상의 범위와 방법이 달라진다.

손해배상의 법적 기준

(1) 제조물책임법(PL법)

■ **책임 주체** : 제조업체, 수입업체, 유통업체 등 식품의 생산 및 유통 과정에 참여한 자는 제품 결함으로 인해 소비자가 입은 손해에 대해 배상 책임을 진다.

■ **결함의 범위** : 설계 결함, 제조 결함, 경고 부족 등으로 인해 발생한 소비자의 신체적 또는 재산적 손해는 제조사가 배상해야 한다.

■ **책임 범위** : 신체적 손해 식중독, 알레르기 반응, 건강 문제 등으로 인한 의료비, 치료비, 후유증 등 , 재산적 손해 제품 결함으로 인해 소비자의 재산이 훼손된 경우

(2) 소비자기본법

■ 소비자가 제품의 결함으로 인해 손해를 입었을 경우, 소비자는 해당 손해에 대해 계약 해제 또는 손해배상을 요구할 수 있다.

■ 소비자기본법은 교환 및 환불이 불가능한 경우에도 손해배상을 요

구할 수 있는 권리를 보호하며, 사업자는 이에 따른 적절한 조치를 취해야 한다.

(3) 민법
■ **민법 제750조** : 타인의 불법 행위로 인하여 손해가 발생했을 경우, 가해자는 그 손해를 배상해야 한다.
■ 기업의 과실로 인해 소비자가 정신적 피해나 신체적 손해를 입었을 경우, 민법에 따라 정신적 고통에 대한 위자료를 청구할 수 있다.

(4) 식품위생법
■ 위해식품이 유통되거나 식품의 안전성이 보장되지 못한 경우, 소비자는 손해배상을 청구할 수 있다.
■ 소비기한 경과, 식품 내 이물질 혼입, 식중독 발생 등 소비자의 건강에 위해가 되는 상황이 발생했을 경우 손해배상이 이루어질 수 있다.

손해배상 방법
(1) 손해 유형에 따른 배상 범위
■ **신체적 손해** : 제품 결함으로 인해 소비자가 신체적인 피해를 입은 경우, 치료비, 병원비, 약물비 등 의료비용을 배상해야 한다. 심각한 경우에는 향후 의료비나 재활 비용도 포함될 수 있다.
■ **정신적 손해** : 제품 사용으로 인해 소비자가 심리적 충격을 받거나 정신적 고통을 겪은 경우, 위자료를 청구할 수 있다. 정신적 손해는

법원의 판단에 따라 금액이 결정된다.
- **재산적 손해** : 결함 있는 제품이 소비자의 재산 ^{가전제품, 주택 등}에 피해를 입혔을 경우, 그에 대한 손해를 배상해야 한다.

(2) 손해배상 청구 절차
- **클레임 접수** : 소비자는 제품 사용으로 인한 손해를 경험했을 때, 이를 제조사나 판매업체에 정식으로 클레임을 접수한다.
- **사실 확인 및 조사** : 기업은 소비자가 제기한 손해에 대해 사실을 확인하고, 손해 발생 원인과 책임을 규명하기 위한 조사를 실시한다. 필요한 경우, 외부 전문가를 통해 분석을 진행할 수 있다.
- **배상 협의** : 기업은 조사 결과에 따라 소비자와 배상 범위 및 방식에 대해 협의한다. 이때 손해배상금의 구체적인 금액은 손해의 규모와 피해 내용에 따라 달라진다.
- **손해배상금 지급** : 협의된 배상금을 소비자에게 지급하며, 필요한 경우 위자료나 추가 보상 ^{상품권, 무료제품 등}도 제공할 수 있다.

(3) 손해배상 금액 산정
- **직접적인 손해** : 소비자가 입은 실질적인 손해에 대해 산정된 금액을 배상한다. 의료비, 손실된 재산에 대한 수리 또는 대체 비용 등이 포함된다.
- **정신적 손해** ^{위자료} : 법원이나 중재기관의 판단에 따라 정신적 고통에 대한 위자료가 산정된다. 금액은 상황에 따라 크게 달라질 수 있다.

■ **추가 배상** : 기업의 과실이 명백한 경우, 법적 처벌 외에도 기업이 추가적인 배상금이나 보상 프로그램을 제안할 수 있다.

(4) 손해배상 시한
■ **손해 발생 후 3년 이내** : 제조물책임법에 따르면 소비자가 손해를 인지한 날로부터 3년 이내에 손해배상을 청구해야 한다. 이 시한이 지나면 배상을 요구할 권리를 상실할 수 있다.
■ **제품 공급 후 10년 이내** : 결함이 있는 제품이 제조된 날로부터 10년 이내에 손해가 발생한 경우에만 손해배상을 청구할 수 있다.

손해배상 협의가 불가능할 경우의 법적 대응
(1) 소송
■ 소비자와 기업 간 손해배상 협의가 이루어지지 않을 경우, 소비자는 법원을 통해 손해배상 소송을 제기할 수 있다. 소송은 소비자의 피해 입증을 바탕으로 진행되며, 법원에서 최종적인 판결을 내린다.
■ 법원은 기업의 과실 여부, 소비자의 피해 정도를 평가하여 배상금 지급 여부 및 금액을 결정한다.

(2) 중재 및 조정
■ 소송 전에 한국소비자원 등을 통해 중재나 조정을 요청할 수 있다. 이 경우 소비자와 기업 간의 원만한 합의를 통해 손해배상을 결정하게 된다.

- 중재는 소송보다 시간이 적게 걸리며, 비용도 비교적 적게 든다.

(3) 집단 소송
- 특정 제품으로 인해 다수의 소비자가 피해를 입은 경우, 집단 소송을 제기할 수 있다. 집단 소송은 피해를 입은 다수의 소비자가 공동으로 기업에 대해 손해배상을 청구하는 형태로 진행된다.

손해배상 처리 시 주의사항
- **증빙 자료 확보** : 소비자는 손해를 입은 증거 영수증, 진단서, 손해 입증 자료를 철저히 준비해야 한다. 기업은 해당 자료를 바탕으로 배상 여부를 검토하고 결정한다.
- **투명한 소통** : 기업은 손해배상 과정에서 소비자와 투명하게 소통하며, 배상 처리 과정을 설명하고 협의를 진행해야 한다.
- **신속한 처리** : 손해배상은 지체 없이 신속하게 처리해야 하며, 지연될 경우 소비자 불만을 야기할 수 있다.

★ 분쟁조정 절차와 방법

식품기업에서 소비자 클레임 처리 시 교환, 환불, 손해배상에 대한 협상이 결렬될 경우, 분쟁조정을 통해 문제를 해결할 수 있다. 분쟁조정은 소비자와 기업 간의 갈등을 법적 절차로 해결하기 전에 중재

기관을 통해 조정하고, 합의에 도달하는 방법이다. 다음은 분쟁조정의 법적 기준, 관련 기관, 절차에 대한 설명이다.

법적 기준

(1) 소비자기본법

■ **소비자 분쟁 해결** : 소비자가 구입한 제품이나 서비스로 인해 발생한 분쟁은 소비자기본법에 의해 보호받으며, 소비자는 분쟁조정 절차를 통해 문제 해결을 요청할 수 있다.

■ **분쟁조정 신청** : 소비자는 소비자분쟁조정위원회 또는 한국소비자원과 같은 기관에 분쟁조정을 신청할 수 있다.

■ **조정의 법적 효력** : 분쟁조정 합의가 이루어지면 해당 합의는 법적 구속력을 가지며, 당사자들은 이를 이행할 법적 의무가 있다.

(2) 제조물책임법(PL법)

■ **손해배상 책임** : 제품의 결함으로 인해 발생한 손해는 제조물책임법에 의해 보상받을 권리가 있다. 분쟁조정은 손해배상 협상이 결렬된 경우 제조물책임법을 근거로 피해를 해결하는 데 사용된다.

(3) 민사조정법

■ **조정 신청** : 민사상 분쟁에서 발생한 문제는 법원에 조정 신청을 할 수 있으며, 법원이 중재기관을 통해 양측의 입장을 조율하여 해결책을 도출할 수 있다.

■ **조정 합의** : 조정이 성공적으로 이루어지면 법적 구속력이 있는 합의문이 작성되며, 양측은 이를 법적 의무로 이행해야 한다.

분쟁조정 기관

(1) 한국소비자원
■ **역할** : 한국소비자원은 소비자 피해를 예방하고, 피해 발생 시 신속한 구제를 돕는 기관이다. 이 기관은 소비자와 기업 간의 분쟁을 조정하고 중재한다.

(2) 소비자분쟁조정위원회
■ **법적 지위** : 소비자기본법에 따라 설치된 독립적 기관으로, 소비자와 기업 간 분쟁을 공정하게 조정하는 권한을 가진다.
■ **조정 절차** : 분쟁조정위원회는 소비자와 기업의 의견을 청취한 후 공정하게 중재하며, 양측이 합의에 이를 수 있도록 돕는다. 조정 결과에 대한 합의는 법적 효력을 가진다.

(3) 한국공정거래조정원
■ **역할** : 공정거래와 관련된 분쟁 조정 및 해결을 지원하는 기관으로, 주로 기업 간 분쟁을 다루지만, 소비자 보호 관련 분쟁도 처리할 수 있다.
■ **분쟁조정** : 한국공정거래조정원은 중립적인 입장에서 소비자와 기업 간의 갈등을 중재하고, 법적 소송으로 가기 전에 해결책을 제공한다.

(4) 법원 민사조정위원회

- **역할** : 소비자가 법원을 통해 민사조정 신청을 하면, 법원 내 민사조정위원회가 조정 절차를 진행한다. 법원에서 조정이 성립되면 법적 구속력이 있는 판결과 같은 효력을 가진다.
- **소송 대신 조정** : 분쟁을 해결하기 위해 정식 소송 절차를 밟기 전에 민사조정으로 해결을 시도할 수 있다. 소송에 비해 시간과 비용을 절약할 수 있다는 장점이 있다.

분쟁조정 절차

(1) 분쟁조정 신청

- 소비자가 한국소비자원, 소비자분쟁조정위원회, 한국공정거래조정원 등 분쟁조정 기관에 분쟁조정을 신청할 수 있다.
- **서류 제출** : 신청 시 소비자는 분쟁과 관련된 증빙 자료 구매내역, 제품 결함증거, 클레임처리내역 등 를 제출해야 한다.

(2) 조정위원회의 조사 및 청문

- 분쟁조정위원회는 접수된 사건에 대해 양측의 입장을 듣고, 필요한 자료를 수집한 후 분쟁의 원인을 조사한다.
- **청문 절차** : 소비자와 기업 양측은 분쟁조정위원회에서 자신의 주장을 발표하며, 필요한 경우 증인을 요청할 수 있다.

(3) 조정안 제시

■ 조정위원회는 조사 결과를 바탕으로 공정한 조정안을 제시한다. 이 조정안은 소비자와 기업 양측의 입장을 조율한 합리적인 해결책을 포함한다.

■ **조정 합의** : 양측이 제시된 조정안에 동의하면, 해당 조정안은 법적 구속력을 가지며 합의 사항을 이행해야 한다.

(4) 조정 불성립 시 절차

■ **조정 불성립** : 양측이 제시된 조정안에 동의하지 않는 경우, 조정은 불성립되며 소비자는 다음 단계인 소송을 진행할 수 있다.

■ **법원 소송** : 조정 불성립 시, 소비자는 민사 소송을 통해 법적 해결을 도모할 수 있다. 이때 조정 과정에서 수집된 자료는 소송의 증거로 활용될 수 있다.

분쟁조정의 법적 효력

■ **조정 합의의 법적 구속력** : 분쟁조정에서 양측이 합의한 사항은 법적 구속력을 가지며, 당사자는 이를 이행할 의무가 있다. 조정 합의는 법원의 판결과 유사한 효력을 가지며, 이행하지 않을 경우 강제집행을 통해 실행할 수 있다.

■ **조정 불성립 시 소송 가능** : 조정이 불성립된 경우에도 소송을 통해 법적 해결을 도모할 수 있으며, 이는 법원의 판결에 따라 최종적으로 해결된다.

분쟁조정의 장점

- **시간과 비용 절약** : 소송에 비해 신속하게 처리되며, 법적 절차에 소요되는 시간과 비용을 크게 절감할 수 있다.
- **공정성 확보** : 중립적인 분쟁조정 기관에서 소비자와 기업의 의견을 공정하게 조정해, 양측의 갈등을 합리적으로 해결할 수 있다.
- **법적 구속력** : 조정 결과에 따른 합의 사항은 법적 구속력을 가지므로, 소송 없이도 문제를 해결할 수 있다.

9. 전문가 자문

　식품기업이 고객 상담의 질을 높이기 위해 각 분야의 전문가를 자문위원으로 위촉하는 것은 단순한 클레임 해결을 벗어나 기업의 신뢰도와 브랜드 이미지를 지키기 위한 전략적 접근이다. 식품 안전과 관련된 이슈는 소비자의 건강과 직결되기 때문에, 전문적이고 과학적인 대응이 이루어지지 않으면 기업은 심각한 위기에 직면할 수 있다. 이러한 상황에서 각 분야 전문가의 자문은 클레임을 객관적이고 신뢰성 있게 해결하는 데 필수적이다.

　식중독 등 건강 이상을 호소하는 고객에게는 내과 전문의의 객관적인 의견을 통해 문제의 원인을 정확히 파악하고, 신속하고 정확한 대응 방안을 제시할 수 있다. 치아 파절과 같은 물리적 피해를 주장하는 소비자에게는 치과 전문의의 전문적인 소견을 통해 공정한 보상 기준을 마련할 수 있다. 특히 벌레나 기타 이물질 혼입과 관련된 클레임은 기업의 이미지에 치명적인 영향을 미칠 수 있는데, 이에 대해 생물학과 교수와 같은 전문가가 과학적이고 체계적인 분석을 통해 유입 경로를 규명하고, 예방책을 제시함으로써 문제의 확산을 방지할 수 있다.

또한, 일반적인 대응 방식으로는 해결이 어려운 과도하거나 비이성적인 클레임에 대해서는 정신과 전문의의 조언을 통해 감정적인 고객을 효과적으로 상담하고, 감정적 갈등을 최소화할 수 있다. 이는 단순히 문제를 무마하는 것이 아니라, 고객의 감정을 존중하고, 문제 해결의 과정에서 고객이 납득할 수 있는 대응을 제공함으로써 기업에 대한 신뢰를 회복하는 데 중요한 역할을 한다.

이러한 전문가 자문 시스템은 클레임의 신속하고 정확한 해결뿐만 아니라, 장기적으로 기업의 위기 대응 역량을 강화하고, 유사한 문제가 재발하는 것을 예방하는 데 중요한 기반이 된다. 전문가의 의견을 바탕으로 고객에게 투명하고 일관성 있는 정보를 제공함으로써 부정적 여론 확산을 사전에 차단하고, 기업의 사회적 책임을 다하는 모습을 보여줄 수 있다.

★ 치과 전문의 자문 사례

"위 왼쪽 3번 대구치입니다."
마치 치과 병원에서 나누는 대화 같지만 고객상담 스태프가 상담 직원과 클레임 상황을 분석하고 있다. 이는 고객이 이야기한 상황을 정확하게 정리하는 과정이고, 이처럼 전문 용어를 사용하는 것은 치과 전문의에게 교육받았기 때문이다.

와그작! 음식 속에 금속 이물이?

치과에서 사용하는 재료는 레진, 아말감, 세라믹, 지르코니아, 골드, PMMA 아크릴수지, 레진강화 세라믹, 임플란트용 티타늄 등이 있으며, 고객의 취식 과정에서 이물 클레임으로 전위되어 치아 파절 등의 불만으로 연결되는 경우가 적지 않다. 그중 아말감이 금속 이물 혼입 사례로 가장 많이 발생하며, 고객이 제기하는 불만 내용과 현미경 관찰 기기분석 결과를 통해 아말감으로 특정하고, 고객에게 이를 조심스럽게 말씀드리며, 치과 동행 방문으로 내용을 확인한다.

    치아와 관련한 클레임은 전문성과 비용 등의 이유로 쉽게 해결되지 않는 경우가 있다. 따라서 전문가 조언을 통해 클레임 발생 당시 치아의 건강 상태, 취식 과정과 증상 등을 종합 판단한다. 간단한 치료는 문제 되지 않지만 임플란트 치료와 이후 치아 건강을 보장하

• 영상 분석   • 기기분석

분석기기: XRF Spectrometer(SpectroMIDEX, AMETEK, USA)

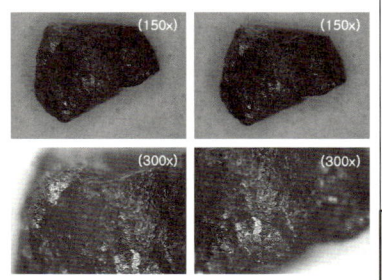

Symbol	Element	Concentration
Hg	Mercury	41.1 %
Ag	Silver	39.4 %
Sn	Tin	10.0 %

• XRF 성분 분석 결과 수은(Hg), 은(Ag), 주석(Sn)이 주성분으로 검출됨

◈결과◈
클레임 시료의 영상 및 성분 분석 결과 치아 치료용 재료(Hg, Ag) 성분으로 판단됨.

라는 요구가 있다면, 클레임 발생 이전의 치과 치료 자료와 엑스레이 사진 촬영 등을 요구하고, 이를 전문의와 상의해서 책임의 정도를 명확히 한다.

★ 벌레 클레임 자문 사례

식품에서 곤충 이물이 발견되었을 경우, 특히 화랑곡나방 *Plodia interpunctella* 과 같은 저장해충의 애벌레나 성충이 발견되면 소비자의 불안은 물론 기업 이미지에 큰 타격을 줄 수 있다. 하지만 이러한 이물 클레임은 감정적인 대응만으로는 문제를 해결할 수 없으며, 과학적이고 체계적인 분석을 통해 오염 시점을 규명하고, 책임 소재를 명확히 파악하는 접근이 필요하다.

화랑곡나방은 일정한 발육 속도와 생태 특성을 가진 곤충으로, 온도와 습도 등 외부 환경 조건에 따라 그 성장 속도가 정해져 있다. 따라서 제품에서 발견된 애벌레나 성충의 발육 단계, 제조일과의 경과 시간, 보관·유통 환경의 온·습도 조건을 종합적으로 분석하면, 해당 곤충이 제조 이전에 원재료에서 유입된 것인지, 제조 또는 포장 중 오염된 것인지, 아니면 유통 중 외부로부터 유입된 것인지를 과학적으로 추정할 수 있다.

이 장에서는,
① 화랑곡나방의 생태 특성(발육 단계와 환경 조건),

② 제조일 기준 역산 분석 방법,

③ 오염 시점 계산 공식,

④ 온·습도에 따른 생장 보정 방식

등을 기반으로, 곤충 이물 클레임을 과학적으로 대응하는 절차와 원칙을 제시한다. 이는 단순 클레임 대응을 넘어, 향후 재발 방지를 위한 근거 자료로 활용되며, 불필요한 논쟁과 책임 공방을 줄이고 소비자 신뢰를 지키는 데 중요한 역할을 한다.

화랑곡나방의 생태 특성

화랑곡나방 애벌레의 발생이 제품 제조일자와 어떤 관계가 있는지 과학적으로 분석하기 위해서는 화랑곡나방의 생태 특성 발육 속도 과 제조·보관·유통 과정의 환경 조건 특히 온도, 제조에서부터 발생까지 소요기간이 필요하며, 이를 통해 오염이 어느 단계에서 발생했는지 추정할 수 있다.

밀가루, 곡류 가공품에서 화랑곡나방 애벌레가 발생하는 이유는 생태주기와 밀접한 관련이 있다. 화랑곡나방은 곡류, 밀가루, 견과류, 건채소, 건과일 등 건조식품 이외에도 양약, 한약, 양념류 등 먹이 자원으로 사용하는 범위가 매우 크며, 식품 제조 및 유통, 보관 환경에서 쉽게 발생되고 유충의 경우 강력한 구기구조를 지녀 제품 포장지를 천공하여 포장 내부로 쉽게 유입된다. 특히 온도와 습도가 적절할 때 28~32°C, Rh 65~75% 발육 속도가 빨라져 제품 오염 빈도가 높아지는 경향을 보인다.

화랑곡나방의 생태주기는 크게 알, 애벌레 유충, 번데기, 성충 단계로 나뉜다. 이 주기는 환경 조건, 특히 온도와 습도에 따라 달라지지만, 일반적인 조건에서 다음과 같은 패턴을 보인다.

- 알(난) 단계 : 성충은 곡류 및 가공식품 표면이나 틈새에 100~400개의 알을 산란한다. 알은 약 2~14일 후 부화한다.
- 애벌레(유충) 단계 : 부화한 애벌레는 2~41주 동안 4~5번의 탈피를 하고 실크를 형성하여 먹이를 둘러싸고 내부에서 갉아 먹으며 성장한다. 온도가 높고 습도가 높을수록 발육기간이 짧아진다.
- 번데기 단계 : 애벌레는 번데기로 변태하며, 이 단계는 1~4주가 소요된다.
- 성충(나방) 단계 : 성충으로 우화 후 먹이를 섭취하지 않고 1~2주 동안 활동하며 산란하고, 주로 야간에 비행한다.

전체 생애주기는 약 4주에서 최대 6개월까지 다양하다. 특히 온도 25~32℃, 상대습도 60% 이상의 조건에서는 약 4~6주 만에 한 세대가 완성된다.

제조일 기준 역산 분석

화랑곡나방의 전체 생애주기를 기준으로, 제품에서 발견된 애벌레의 발육 단계를 파악하면 오염 시점을 추정할 수 있다.
- 알 발견 : 제조 이후 2~14일 이내에 산란된 것으로 추정됨 → 제조 및 포장 직후 또는 유통 과정에서 오염 가능성이 있다.

- 초기 애벌레 발견 : 제조 이후 2~4주 내 발생 → 원재료 오염 또는 제조 공정 중 오염 가능성이 있다.
- 성숙한 애벌레 또는 번데기 발견 : 제조 이후 4주 이상 경과 → 제조 이전 원재료 오염 가능성이 있다.
- 성충 발견 : 장기간 저장 및 유통 중 오염 가능성, 또는 포장 상태 불량이 원인일 수 있다.

제조일과 발견일 기준 계산 방법

제품에서 애벌레가 발견되었을 때, 제조일과의 차이를 계산해 오염 시점을 추정한다.

- 오염 시점 추정일 = 제품 제조에서 애벌레 발견까지의 소요기간 – 애벌레 발육기간

예를 들어, 제조일로부터 30일 후 제품에서 중기 애벌레가 발견되었다면, 애벌레의 발육기간 약 14~21일 을 역산하여 오염 시점을 제조일 직후 또는 유통 초기로 추정할 수 있다.

온도 및 습도 보정

온도와 습도 조건이 화랑곡나방의 생장 속도에 영향을 미치므로, 실제 저장 환경 조건을 반영해야 한다.
- 25~30℃, 습도 60% 이상 → 빠른 성장(약 4주)
- 20℃ 이하, 습도 50% 이하 → 느린 성장(2~3개월)

따라서, 저장·유통 환경의 온도와 습도를 고려해 생장기간을 보정하여 오염 시점을 보다 정확히 추정할 수 있다.

과학적 분석을 통한 오염 경로 추정 예시

화랑곡나방의 성장 단계와 제조일자 간의 차이를 계산함으로써 오염 발생 시점을 과학적으로 분석할 수 있다.

- 사례 1 : 제조일로부터 15일 후 초기 애벌레 발견 → 제조 및 포장 직후 오염 가능성 높다.
- 사례 2 : 제조일로부터 40일 후 성숙한 애벌레 발견 → 원재료 오염 또는 제조 과정에서 오염 가능성 높다.
- 사례 3 : 제조일로부터 90일 후 성충 발견 → 유통 및 소비자 보관 중 오염 가능성 높다.

곤충 이물 클레임이 발생했을 때, 감정적 대응이나 추정에 의존하기보다는 객관적인 생태학적 정보와 데이터를 기반으로 오염 경로를 추정하는 접근이 중요하다. 특히 화랑곡나방과 같은 저장해충은 명확한 생애주기와 발육 특성을 가지기 때문에, 이물의 형태 애벌레, 번데기, 성충 와 제품 제조일과의 시간 간격, 보관 및 유통 환경 조건을 종합적으로 분석하면, 오염 시점을 합리적으로 추정할 수 있다. 이러한 분석은 단순히 클레임에 대한 설명을 넘어서 사전 예방, 공정 개선, 품질관리 체계 강화의 근거 자료로 활용될 수 있으며, 소비자 불만을 줄이고 신뢰를 회복하는 데 실질적인 도움을 준다.

고려대학교 생명자원연구소 분석 보고서 예시

아래의 내용은 고려대학교 생명과학대 생명자원연구소 분석 결과 보고서의 일부이다.

클레임 해충 동정

본 클레임 대상 해충의 동정 결과는 명나방과(Pyralidae) 화랑곡나방 (*Plodia interpunctella* Hübner)의 4령 치사유충과 치사성충으로 분석됨

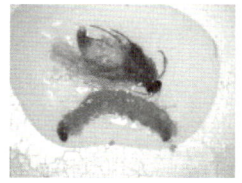 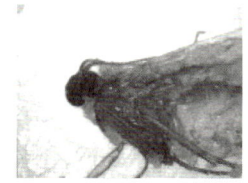 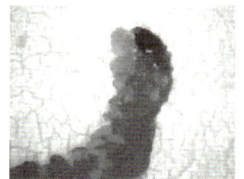

화랑곡나방

분류: 명나방과(Pyralidae)

종명: *Plodia interpunctella* Hübner, *Tinea interpunctella* Hübner, *Eucltа interpunctella* Hübner, *Tinea zeae* Fitsh

일반명: Indian meal moth

클레임 분석 결과 및 분석 의견

본 클레임의 경우 2024년 6월 25일 제조한 제품을 소비자가 구입, 보관, 개봉, 취사 후 취식 중 제조 후 4개월 정도 경과한 시점에 제품에서

화랑곡나방 4령 치사유충과 치사성충, 발육잔재물로 추정되는 이물이 발견되어 클레임이 제기된 사항으로 현재 분석을 위해 제공한 현물, 자료, 동정된 해충 종인 화랑곡나방의 생태학적 및 행동학적 데이터, 소비자 증언 등을 감안할 때 다음과 같이 판단된다.

1) 본 클레임의 대상 해충인 화랑곡나방의 발육기간(알-성충까지 기간)은 17℃ 정온에서 149.94일, 20℃ 정온에서 62.54일, 25℃ 정온에서 54.70일, 28℃ 정온에서 48.67일 32℃ 정온에서 37.23일이 소요되며 4령 유충까지의 발육기간은 전체 발육기간의 3/4정도가 소요되며 (Na and Ryoo, 1998) 천공성이 있어 식품 포장을 천공하여 내부로 유입 가능하며 어둡고 틈새와 같은 공간을 선호하여 저장 중인 곡물, 식품류뿐만 아니라 다양한 생활용품 등에서 다양한 형태(치사, 생존 유충, 번데기, 성충, 발육잔재물)로 발견된다. 본 클레임 샘플 분석 결과 제품 국물로 도포된 상태로 내부체액이 소실되어 카탈라제효소반응은 일어나지 않아 취사 중 열수에 의한 체액소실은 일어난 것으로 보이나 전반적인 형태가 보존되어 생산 중 장기간 고온의 열처리, 물리적 충격으로 인한 형태변형이 없는 점, 소비자 증언상 유충과 성충이 함께 발견되고 발견 당시 거미줄 같은 이물이 함께 발견되었다 증언한 점 등을 볼 때 유통, 보관, 소비자 사용 중 주변의 다수의 화랑곡나방 유충이 포장지 결함, 파손 부위로 유입되어 제품 내부에서 일정 기간 서식 후 일부 유충이 성충으로 우화되어 발생되었을 가능성이 모두 크나 정확한 분석을 위해 구체적인 데이터(유통, 보관, 소비자 보관, 사용장소의 모니터링, 구입일자, 구입경로, 야외사용 여부, 개봉 후 보관 여부,

> 해당 제품 포장(뚜껑) 조사, 취사 시 사용한 도구 등)를 얻을 수 있는 조사가 병행되어야 할 것으로 판단된다.
>
> 2) 오염 해충의 위해성 여부는 아직까지 보고된 바가 없으며 화랑곡나방과 같은 저장해충인 경우에는 인간과 동일한 식량자원을 가지고 서로 경쟁을 해온 관계이며 인간에게 위해가 되는 다른 미생물을 자신이 가지고 있지 않아 이를 우연히 취식한다 하더라도 인간의 신체건강상의 심각한 피해를 줄 가능성은 희박하다고 판단되나 개인마다의 체질 차이가 있을 수 있다.

이 같이 과학적인 문제 해결 방법은 소비자의 불안과 불신을 신뢰로 만들고, 상담 직원은 이 과정에서 학습된 지식을 바탕으로 고객 클레임에 신속히 대응함으로서 문제 예방 효과를 함께 기대할 수 있다.

10. 음식점 고객불만 대응 커뮤니케이션

　음식점은 고객과 직접 대면하는 공간인 만큼, 서비스나 음식에 대한 작은 불만도 즉각적으로 표출되는 환경이다. 특히 고객의 불만은 단순한 컴플레인에 그치지 않고, 매장의 신뢰도와 재방문 의사, 더 나아가 브랜드와 매장 전체의 이미지에까지 영향을 미칠 수 있다.

　이러한 현장 상황에서는 감정적인 대응이나 즉흥적인 대처보다는 표준화된 응대 원칙과 절차, 그리고 공감과 책임을 바탕으로 한 커뮤니케이션이 필요하다. 고객이 불만을 제기했을 때 직원의 첫 태도와 말 한마디가 문제 해결의 방향을 결정짓기 때문이다. 따라서 이 장에서 제시하는 기본적인 응대 원칙, 직원의 구체적인 말과 행동 예시, 상황별 대처 방법까지 단계별로 이해함으로써 고객의 불만을 효과적으로 해결하고, 나아가 긍정적인 경험으로 전환할 수 있는 실천적인 지침으로 삼았으면 한다.

⭐ 불만고객 대응의 원칙

경청의 원칙
고객이 불만을 이야기할 때 표정과 몸짓언어로 진지하게 듣고 있음을 보여준다. 고개를 끄덕이거나 "네, 그렇군요", "그 부분은 이해가 됩니다" 등의 반응을 통해 경청을 표현한다. 고객의 이야기를 방해하지 않고, 중간에 끼어들지 않는다. 필요한 경우 메모를 하여 고객의 불만 사항을 기록하고, 놓치는 부분이 없도록 한다.

공감의 원칙
고객이 느낀 감정에 공감하는 언어를 사용한다. 고객이 화를 내거나 불만을 표현하는 이유를 비난하지 않고, 고객의 입장에서 문제를 이해하려는 태도를 유지한다.
:"말씀하신 상황이 저라도 정말 불편했을 것 같습니다."

책임의 원칙
문제가 음식점의 실수로 발생했다면, 이를 회피하지 않고 명확히 인정한다. 책임을 떠넘기거나 직원 간의 잘못을 고객 앞에서 논하지 않는다.
:"저희 서비스에서 실수가 있었던 것 같습니다. 죄송합니다."

신속성의 원칙

고객이 문제를 제기한 후, 지체하지 않고 즉각적으로 대응한다.

: "잠시만 기다려 주시면 바로 확인 후 해결하겠습니다."

재발 방지의 원칙

고객에게 같은 문제가 다시는 발생하지 않도록 재발 방지 조치를 약속한다.

: "말씀해 주신 문제를 내부적으로 공유하고, 앞으로는 이런 일이 재발하지 않도록 하겠습니다."

★ 매장 내 불만제기 상황

음식점에서 고객이 매장 내에서 직접 불만을 제기하는 상황은 매우 민감하고 즉각적인 대응이 필요한 순간이다. 이때 직원의 표정, 말투, 반응 하나하나가 고객의 감정에 직접적인 영향을 미치며, 잘못된 대응은 불만을 확대시키고 부정적인 입소문으로 이어질 수 있다. 따라서 고객이 불편을 제기했을 때에는 긍정적인 태도와 경청의 자세로 시작하여, 공감과 사과를 통해 감정을 완화하고, 실질적인 해결책을 제시하며 신뢰를 회복하는 과정이 중요하다. 단순히 문제를 해결하는 것을 넘어서, 고객이 존중받고 있다는 인식을 갖도록 응대하는 것이 핵심이다.

다음은 매장 내 불만 상황 발생 시 직원이 따라야 할 응대 단계별 흐름과 예시 문구이다. 현장에서 실제로 활용 가능한 응대 방법으로 활용하기 바란다.

1. 직원의 첫 반응(긍정적 태도와 경청 시작)

직원: "안녕하세요, 고객님. 무엇이 불편하셨는지 말씀해 주시면 바로 확인하겠습니다."

(고객이 문제를 설명할 동안 끼어들지 않고 경청하며 메모한다.)

2. 문제 확인 질문

직원: "네, 고객님 말씀을 잘 들었습니다. 확인을 위해 몇 가지 여쭤봐도 될까요?"

  "문제가 발생한 시간이 언제였는지 알 수 있을까요?"
  "주문하신 메뉴는 [메뉴 이름]이 맞으실까요?"
  "그 외에 추가로 불편했던 부분이 있으셨나요?"

◀공감과 사과 상황 : 고객이 문제를 구체적으로 설명한 후▶

3. 공감 표현

직원: "정말 많이 불편하셨겠어요. 이런 상황이 발생해서 기분이 상하셨을 것 같습니다. 진심으로 공감합니다."

  "저희가 더 세심하게 관리했어야 했는데 불편을 드려 죄송합니다."

4. 사과 전달

직원: "이번 일로 고객님께 실망을 드린 점 진심으로 사과드립니다. 다시는 이런 일이 발생하지 않도록 조치를 취하겠습니다."

◀해결 방안 제시 상황 : 고객이 문제 해결을 요구하는 경우▶

5. 해결 방안 제시

직원: "말씀하신 문제를 바로 해결해 드리겠습니다. 현재 두 가지 방안을 제안드리고 싶습니다. 첫 번째는 음식을 즉시 새로 준비해서 제공해 드리는 것입니다. 두 번째는 환불을 진행하거나 다음 방문 시 이용 가능한 쿠폰을 제공드리는 방법입니다. 어떤 방안이 고객님께 더 나을지 말씀해 주시면 바로 처리하겠습니다."

6. 고객 동의 확인

직원: "이 해결 방법이 괜찮으실까요? 추가로 원하시는 다른 방안이 있으시면 말씀 부탁드립니다."

(고객이 제안에 동의하지 않는 경우)
직원: "말씀하신 부분을 충분히 이해합니다. 고객님이 만족하실 수 있도록 다른 방안을 찾아보겠습니다. 조금만 시간을 주시면 추가로 확인 후 다시 말씀드리겠습니다."

◀즉각적인 실행 상황 : 고객이 제안된 방안을 수락한 경우▶

7. 해결 방안 실행

직원: "알겠습니다. 바로 처리하겠습니다. 새 음식을 준비하려면 약 10분 정도 소요될 것 같습니다. 기다리시는 동안 편히 계시도록 음료를 제공해 드리겠습니다."
(요청된 해결책을 신속하게 실행하고 고객에게 상황을 알린다.)

8. 추가 요청 확인

직원: "혹시 다른 부분에서 불편했던 점이나 추가로 도와드릴 부분이 있을까요?"
(문제 해결 후)
직원: "고객님께서 불편을 겪으셨던 점이 해결되었기를 바랍니다. 혹시 이번 해결 방식에 대해 부족한 부분이 있었다면 꼭 말씀해 주세요."

◀사후 조치 상황 : 문제 해결이 완료된 후▶

9. 피드백 요청

직원: "이번 문제 해결 과정이 만족스러우셨는지 궁금합니다. 다음에 방문해 주실 때는 더 나은 서비스를 제공해 드리겠습니다."
　"말씀해 주신 내용을 내부적으로도 공유하여 앞으로는 이런 일이 재발하지 않도록 최선을 다하겠습니다."

사례별 스크립트

(1) 음식 상태 불량

고객: "이 음식이 너무 짜서 먹을 수가 없어요!"

직원: "죄송합니다, 고객님. 바로 확인하겠습니다. 말씀하신 음식이 [메뉴 이름]이 맞으신가요?"

직원: "불편을 끼쳐 드려 정말 죄송합니다. 새로 조리한 음식을 준비해 드리겠습니다. 혹시 다른 요청 사항이 있으시면 말씀해 주세요."

(2) 서비스 지연

고객: "주문한 지 30분이 넘었는데 음식이 안 나왔어요. 이게 말이 됩니까?"

직원: "기다리게 해드려 정말 죄송합니다. 바로 확인 후 신속히 처리하겠습니다."

(확인 후)

직원: "음식이 늦어진 점에 대해 사과드리며, 음료를 먼저 제공해 드리겠습니다. 음식은 5분 내로 준비해 드리겠습니다."

(3) 잘못된 계산

고객: "계산서를 보니 금액이 잘못 나왔네요!"

직원: "죄송합니다, 고객님. 바로 확인하겠습니다. 잠시만 기다려 주시겠어요?"

(계산 오류 확인 후)

직원: "말씀하신 내용이 맞습니다. 계산 과정에서 실수가 있었습니다. 정정 후 바로 처리해 드리겠습니다."

⭐ 매장 방문 후 불만제기 상황

일부 고객은 매장에서 불편을 겪었음에도 현장에서 바로 불만을 제기하지 않고, 방문 이후 매장 또는 대표 연락처를 통해 문제를 제기하는 경우가 있다. 이처럼 사후에 접수되는 불만은 시간이 경과된 만큼 사실 확인이 어려워지고, 고객의 감정이 더 누적된 상태일 가능성이 높다. 따라서 응대자는 더욱 신중하고 공감 어린 자세로 접근해야 하며, 구체적인 정보 확인과 즉각적인 조치가 무엇보다 중요하다.

고객이 매장을 떠난 후 전화, 이메일, 게시판 등으로 불만을 제기했을 때, 상담 담당자가 어떻게 경청하고 확인하며 문제를 해결로 이끌어야 하는지, 단계별로 실질적인 대응 절차를 안내한다. 고객의 경험을 회복시키고, 매장의 신뢰를 되찾는 출발점은 결국 세심한 커뮤니케이션과 신속한 피드백이라는 점을 중심에 두고 응대 방향을 정해야 한다.

1. 긍정적 태도와 경청 시작

직원: "안녕하세요, 고객님. 무엇이 불편하셨는지 자세히 말씀해 주시면 신속하게 확인하겠습니다."

(고객의 말을 끊지 않고 끝까지 경청하며, 중요한 내용을 메모한다. 목소리 톤은 차분하고 공손하게 유지한다.)

2. 문제 확인 질문

직원: "말씀 잘 들었습니다. 보다 정확한 확인을 위해 몇 가지 여쭤봐도 괜찮을까요?"

"방문하신 매장은 어느 지점인지 알 수 있을까요?"
"방문하신 날짜와 시간은 언제였나요?"
"주문하신 메뉴나 서비스는 무엇이었나요?"
"불편하셨던 부분이 구체적으로 어떤 점이었는지 더 말씀해 주실 수 있나요?"

3. 공감 표현

직원: "많이 불편하셨겠어요. 그런 상황이 발생해 마음이 상하셨을 것 같습니다. 정말 죄송합니다."
(고객의 감정에 공감하며 진심 어린 태도로 대응한다.)

4. 사과 전달

직원: "이번 일로 실망을 드린 점 진심으로 사과드립니다. 말씀해 주신 내용을 바로 확인하고 조치하겠습니다."

5. 해결 방안 안내

직원: "말씀해 주신 문제를 해결하기 위해 몇 가지 방안을 안내드리겠습니다."

"방문하셨던 매장에 즉시 확인하여 상황을 파악하겠습니다."
"불편하셨던 부분에 대한 보상으로 쿠폰을 제공하거나, 환불을 진행할 수 있습니다."
"원하시면 매장 매니저가 직접 연락드려 추가적인 조치를 안내해

드릴 수도 있습니다."

6. 고객 동의 확인

직원: "제시해 드린 방안 중 어떤 방법이 괜찮으신가요? 추가로 원하시는 점이 있으시면 언제든지 말씀해 주세요."

7. 대체 방안 제시(고객이 동의하지 않을 경우)

직원: "말씀해 주신 내용을 충분히 이해합니다. 고객님께서 만족하실 수 있도록 추가적인 방안을 찾아보겠습니다. 잠시만 기다려 주세요."

8. 신속한 실행

직원: "요청하신 조치를 바로 진행하겠습니다. 쿠폰 발송은 오늘 중으로 완료되며, 확인이 필요하신 사항은 다시 연락드리겠습니다."
(약속한 해결 방안을 신속히 실행하고 고객에게 진행 상황을 안내한다.)

9. 추가 요청 확인

직원: "혹시 다른 점에서 불편하셨던 부분이나 추가로 도와드릴 일이 있으실까요?"

10. 문제 해결 후 피드백 요청

직원: "이번 조치가 고객님께 도움이 되었기를 바랍니다. 혹시 부족한 점이 있었다면 언제든지 말씀해 주세요."
　"말씀해 주신 내용은 내부적으로 공유하여 재발 방지에 최선을 다하겠습니다."

> 여기서 잠깐!

❋ 식품 안전은 언제부터 시작되었을까? ─────

식품 안전의 개념은 아주 오래전부터 존재했다. 고대 사회에서는 자연에서 얻은 음식을 단순히 섭취하는 것이 아니라, 부패를 막고 안전하게 보존하기 위해 다양한 기술을 개발했다. 예를 들어, 소금에 절이는 방법, 말리기, 훈제 등은 신선도를 유지하고 질병을 예방하기 위한 초기의 식품 안전 관리 기술이었다. 이 시기에는 과학적 원리보다는 경험과 관찰을 통해 식품 보존 방법이 개발되었으며, 특정 식품이 부패하거나 유해할 경우 이를 피하거나 처리하는 지혜가 축적되었다.

식품 안전에 대한 체계적인 접근은 문명이 발전하면서 구체화되기 시작했다. 고대 이집트, 메소포타미아, 그리고 중국과 같은 문명에서는 음식의 보관과 위생을 관리하기 위한 규칙이 존재했다. 특히, 종교적 규율이 식품 안전을 보장하는 중요한 역할을 했다. 예를 들어, 유대교와 이슬람교에서는 특정 동물의 도축과 조리 방법을 규정하여 안전한 소비를 보장하려 했다. 이는 단순히 신앙의 차원을 넘어, 감염과 질병을 예방하려는 실용적인 목적도 담겨 있었다고 본다.

근대에 들어서면서 식품 안전은 과학적 접근과 결합되었다. 19세기 중반, 프랑스의 미생물학자 루이 파스퇴르(Louis Pasteur)는 미생물이 음식의 부패와 질병의 주요 원인임을 발견했다. 그의 연구는 발효와 살균 과정을 과학적으로 설명하며, 식품 안전 관리에 혁신적인 기여를 했다. 그의 이름을 딴 '파스처라이제이션(Pasteurization, 저온살균법)'은 우유와 같은 액체식품의 부패를 방지하는 핵심 기술로 자리 잡았고, 현대 식품 안전의 기초를 마련했다.

　같은 시기, 산업혁명은 대규모 식품 생산과 유통을 가능하게 했지만, 식품 안전의 새로운 도전 과제를 가져왔다. 도시화와 인구밀집으로 인해 대규모 식중독 사건이 발생하기 시작했고, 이는 식품 안전에 대한 체계적인 법적 규제가 필요하다는 인식을 가져왔다. 1906년 미국에서는 '식품 및 의약품 법(Pure Food and Drug Act)'이 제정되어, 식품의 품질과 위생을 관리하기 위한 첫 번째 법적 장치가 마련되었다. 이는 현대 식품 규제의 초석이 되었으며, 이후 다른 국가들도 유사한 법을 도입했다.

　현대의 식품 안전은 기술의 발전과 함께 한층 더 정교해졌다. HACCP(위해요소 중점관리기준)는 1960년대에 개발된 시스템으로, 식품 생산 과정에서 발생할 수 있는 위해요소를 사전에 분석하고 이를 관리하기 위한 체계적 접근법을 제시했다. 이는 식품 안전 관리의 세계적 표준으로 자리 잡아, 오늘날 대규모 식품 생산시설과 유통망에서 필수적으로 사용되고 있다.

　오늘날 식품 안전은 단순히 부패 방지나 질병 예방을 넘어, 지속 가능한 식품 체계와 소비자의 신뢰를 구축하는 데 중요한 역할을 한다. 식품 안전은 원료의 생산에서부터 가공, 유통, 소비에 이르는 모든 단계에서 적용되며, 국제적 규제와 협력 속에서 더욱 강화되고 있다. 예를 들어, 세계보건기구(WHO)와 국제식품규격위원회(Codex Alimentarius Commission)는 글로벌 식품안전기준을 마련하여 국가 간의 협력을 촉진하고 무역분쟁을 예방하는 역할을 한다.

　식품 안전은 인류의 생존과 건강을 유지하기 위한 노력에서 시작되었으며, 경험에서 출발한 초기의 방식에서 과학적이고 체계적인 관리로 발전해 왔다. 이는 단순히 안전한 음식을 제공하는 것을 넘어, 현대사회에서 지속 가능성과 공공 신뢰를 유지하는 핵심요소로 자리 잡고 있다. '식품안전'이라는 개념은 과거와 현재를 잇는 중요한 연결고리이며, 앞으로도 인류의 삶과 건강을 보호하는 데 중요한 역할을 계속할 것이다.

나의 직장생활

❀ 직장생활의 아쉬운 점들...

아쉬운 점을 돌이켜 보면 부끄러운 부분이 많다. 그 첫째가 겸손하지 못했다. 주장이 강해 하고 싶은 이야기를 주저 없이 한 것을 제일 후회한다. 질문 자체만으로도 상대를 괴롭히고, 위협이 될 수 있다는 것을 얼마 전에서야 알았다. 후회하고 있지만 이미 늦었다. 동료와 선배님, 특히 같이 생활했던 후배님들에게 글로나마 정중히 사과드린다. 회사에 입사해 나는 모든 면에서 부족함을 일찍 알았다. 그래서 성실히 열심히 하는 수밖에 없었고, 겸손의 여유도 없었다고 변명하고 싶다.

하지만 이런 나를 어여삐 여기는 선배들의 조언이 늘 함께했고, 인복이 있다고 부러워할 정도로 많은 동료, 후배들의 도움으로 영광스러운 퇴직이 가능했다. 참으로 감사한 일이다. 퇴직이 주는 즐거움은 여유 있는 생활이다. 미처 생각하지 못했던 후회 되는 일들을 일상에서 하나씩 고쳐보는 것을 퇴직의 즐거움으로 삼고 싶다.

Part C
리스크 리빌딩
Risk Rebuilding

위기 상황은 기업에 심각한 위협을 가져올 수 있지만, 동시에 이를 효과적으로 대응하고 극복한다면 기회로 전환될 수 있다. 특히 위기 이후의 리빌딩 과정은 단순히 프로세스를 보완하는 데 그쳐서는 안 된다. 조직의 근본적인 문제를 해결하고, 사고 예방 체계를 구축함으로써 재발을 방지하고, 지속 가능한 성장을 도모해야 한다.

1. 리스크 리빌딩의 이해

위기 후 리빌딩은 근본적인 변화를 요구한다. 하지만 많은 조직은 변화의 필요성을 인식하지만 경로 의존성과 과거 성공 경험에 매몰되어, 혁신에 실패하는 경우가 있다.

경로 의존성은 조직이 기존의 관행과 방식을 고수하게 만들며, 새로운 접근 방식을 도입하려는 시도를 가로막는다. 익숙한 방식은 안정감을 주지만, 이는 변화를 두려워하거나 비용을 과대평가하게 만들어, 결국 혁신의 동력을 상실하게 한다.

과거 성공 경험에 대한 지나친 의존 역시 리빌딩의 걸림돌로 작용한다. 과거의 성공 사례는 조직에 자신감을 주지만, 현재의 복잡한 문제에 적합하지 않을 수 있다. 성공의 기억이 강할수록 기존 방식을 답습하려는 경향이 강해지고, 이는 위기 상황에서 새로운 해결책을 모색하는 데 방해가 된다.

🔷 리스크 리빌딩의 접근방법

리빌딩을 성공적으로 수행하기 위해서는 다음과 같은 접근이 필요하다.

첫째, 리빌딩은 단순한 프로세스 보완이 아닌 사고 예방 체계의 구축에 초점이 맞춰져야 한다. 이는 위기의 근본 원인을 파악하고, 문제를 반복하지 않도록 시스템적이고 지속 가능한 예방 체계 구조를 설계하는 것이다. 이러한 체계는 위기 이후 조직이 더욱 견고해지도록 돕는다.

둘째, 위기를 기회로 전환하기 위해 열린 사고와 유연한 대처가 필요하다. 기존의 틀에 얽매이지 않고 문제를 새로운 관점에서 바라보며, 변화에 빠르게 적응할 수 있어야 한다. 변화는 조직이 기존의 안정성을 포기해야 할 때가 많지만, 이는 장기적인 성장을 위해 필수적이다.

셋째, 장기적인 관점에서 리빌딩 전략을 설계해야 한다. 단기적 해결책에만 의존하면 동일한 위기가 반복될 가능성이 높다. 현재의 위기를 미래의 성공을 위한 발판으로 삼아, 지속 가능한 혁신을 추진해야 한다.

넷째, 리빌딩 과정에서 학습과 성장이 중요한 요소로 자리 잡아야 한다. 위기 속에서 얻은 교훈을 바탕으로 조직의 역량을 강화하고, 이를 통해 구성원들이 위기에 더욱 강하게 대응할 수 있도록 한다.

다섯째, 협력과 네트워크를 활용하여, 내부와 외부의 자원을 최대한 끌어와야 한다. 조직 내부의 단합뿐만 아니라 외부 전문가, 이해관계자, 고객과의 협력을 통해 혁신적이고 실질적인 방안을 도출할 수 있다.

✸ 리스크 리빌딩의 핵심 목적

리스크 리빌딩은 어떤 목표를 가지고 추진해야 하는가? 신뢰 회복, 제도 개선, 조직문화 재정비, 브랜드 이미지 복원 등 리빌딩의 핵심 목적과 방향성을 알아보자. 궁극적으로 리스크 리빌딩은 단순한 사후 수습이 아닌, 기업의 체질을 강화하고 다음 위기를 이겨낼 준비를 갖추는 전략적 행위임을 이해하는 것이 중요하다.

신뢰 회복, 가장 중요한 첫걸음

위기 상황에서는 소비자와 이해관계자들이 조직에 대한 신뢰를 잃게 되는 경우가 대부분이다. 이를 회복하지 못하면 고객 이탈과 매출 감소로 이어질 수 있다. 신뢰를 회복하기 위해서는 투명하고 일관된 소통을 통해 조직이 문제 해결에 적극적으로 나서고 있다는 확신을 제공해야 한다. 또한, 소비자와의 소통과 피드백 수렴을 통해 관계를 강화하며, 필요한 경우 보상이나 배상을 통해 손실을 보전하는 것이 중요하다.

재발 방지 대책 수립

위기 발생의 원인을 철저히 분석하고, 이를 제거하거나 개선하기 위한 구체적인 대책을 마련함으로써 유사한 위기의 재발 가능성을 낮출 수 있다. 이를 위해 품질관리 프로세스를 개선하고, 직원 교육을 강화하며, 새로운 안전 시스템을 도입하는 등의 실질적인 변화가 필요하다. 이러한 노력이 내부 안정성을 확보할 뿐만 아니라 외부 이해관계자들에게도 신뢰를 주는 중요한 요소로 작용한다.

이미지와 브랜드 재구축

위기로 인해 손상된 브랜드 이미지와 평판을 복구하기 위해 조직은 책임 있는 행동을 강조하고, 문제 해결에 적극적으로 나선 모습을 소비자와 사회에 전달해야 한다. 이를 위해 전략적인 마케팅과 홍보 활동을 수행하며, 사회적 책임 활동 CSR 이나 환경 보호 프로그램 등 긍정적인 사회 기여를 통해 신뢰를 회복하고 장기적인 시장 경쟁력을 유지한다.

지속적인 개선과 혁신

위기를 단순히 극복의 대상이 아닌 기회로 삼아, 내부 프로세스와 운영 방식을 개선하고 조직문화를 강화하며, 혁신적인 제품 개발과 서비스 개선을 통해 소비자들에게 새로운 가치를 제공한다. 이를 통해 조직은 위기 이전보다 더 강하고 경쟁력 있는 구조로 성장할 수 있다.

사후 관리와 학습

위기 대응 과정과 결과를 철저히 분석하여 교훈을 도출하고, 이를 조직의 지식 자산으로 축적해야 한다. 또한, 위기 대응 매뉴얼과 교육 프로그램을 지속적으로 개선해 향후 유사한 위기에 신속하고 정확하게 대응할 수 있는 체계를 마련해야 한다. 이 과정에서 직원들 간의 소통과 협력을 강화함으로써 조직 내부의 응집력을 높이고, 위기 해결을 위한 협력 문화를 형성할 수 있다.

리스크 리빌딩은 기업이 위기 이후 무너진 신뢰와 이미지, 내부 시스템을 회복하고 재정비하는 전략적 과정이다. 위기 대응이 '불을 끄는 일'이라면, 리스크 리빌딩은 위기 이후 무너진 기반을 다시 세우고 지속 가능한 성장을 가능케 하는 복원과 재구축의 단계라 할 수 있다.

기업은 위기를 단순히 '지나간 사건'으로 끝내지 않고, 그 과정을 통해 문제의 본질을 되짚고, 취약점을 보완하며, 조직과 브랜드를 더욱 강하게 만들 수 있는 기회로 삼아야 한다. 특히 식품산업처럼 소비자의 신뢰가 생명인 분야에서는, 위기 이후에 어떤 방식으로 회복과 개선 노력을 보여주는지가 기업의 미래를 좌우하게 된다.

2. 리빌딩 프로세스

위기 상황이 일단락되었다고 해서 모든 문제가 해결된 것은 아니다. 위기를 겪은 기업은 손상된 신뢰, 내부 혼란, 제도적 공백, 조직의 사기 저하 등 다양한 후유증을 안게 되며, 이를 방치할 경우 유사한 위기가 반복되거나 기업 이미지가 회복되지 못한 채 도태될 수 있다. 따라서 위기 이후에는 단계적이고 체계적인 리빌딩 프로세스를 통해 신뢰를 회복하고, 기업의 내외부 시스템을 재정비해야 한다.

단계적인 리빌딩 프로세스

위기 분석 및 피드백 수집
제일 먼저 위기 원인과 대응 과정을 철저하게 분석한다. 직원, 소비자, 파트너 등 다양한 이해관계자들로부터 피드백을 수집하고, 대응의 문제점과 개선점을 도출한다.

브랜드 이미지 재구축

위기 전후의 기업 이미지 변화 분석 후, 긍정적인 이미지 회복 전략을 수립한다. 소비자 신뢰 회복을 위한 캠페인, CSR 활동, 사회적 기여 등의 활동을 강화하여, 진정성 있는 소통을 통해 기업의 책임감을 전달한다.

조직 재정비

위기 대응 조직과 시스템을 재점검하고, 필요 시 조직을 강화하거나 새롭게 구성한다. 사내 위기 대응 매뉴얼을 업데이트하고, 직원 교육을 통해 위기 대응 능력을 높여 의사소통 체계와 결재 라인을 명확히 하여 향후 신속한 대응을 가능하게 한다.

소비자와의 신뢰 회복

소비자 불만 사항을 적극적으로 해결하고, 개선된 점을 명확하게 알린다. 고객 서비스 개선과 투명한 커뮤니케이션을 통해 소비자 신뢰

를 회복하고, 제품 품질 향상 및 안전성에 대한 홍보를 통해 안전한 식품을 제공하는 이미지를 강화한다.

위기 대응 후 변화 관리

변화된 운영 방침과 위기 대응 프로세스를 지속적으로 모니터링한다. 리스크 관리 체계를 강화하고, 위기 징후에 대해 조기 경보 시스템을 구축하여, 외부 전문가와의 협력을 통해 리스크 모니터링과 대응 능력을 향상시킨다.

리빌딩 성과 측정 및 개선

위기 이후의 변화와 개선이 성과로 연결되는지 주기적으로 평가한다. 소비자 인식 조사, 판매 실적 분석 등을 통해 리빌딩 전략의 성과를 점검한 피드백에 따라 전략을 유연하게 수정하고 보완한다.

리스크 리빌딩은 단순한 사과나 사후 조치에 그치는 것이 아니라, 문제의 원인을 분석하고, 내부 구조를 개선하며, 외부 이해관계자와의 신뢰를 회복하고, 궁극적으로는 재도약의 기반을 마련하는 일련의 전략적 활동이다. 진행 과정은 원인 진단과 투명한 공개, 내부 시스템 점검 및 제도 개선, 조직문화와 리더십 복원, 이해관계자와의 신뢰 회복, 브랜드 이미지 재정립 등 단계별 접근을 통해 단순 회복을 넘어 지속 가능한 개선과 성장으로 이어지는 과정임을 이해해야 한다.

3. 리빌딩의 주체와 그들의 역할

　　리스크 리빌딩은 특정 부서나 리더 한 사람의 노력만으로 완성될 수 없다. 위기로 인해 무너진 신뢰와 체계를 회복하고 조직을 재정비하기 위해서는 전사적 참여와 역할 분담, 유기적 협력이 필수적이다. 위기 상황에서 침묵하거나 소극적인 태도를 보인 조직은 리빌딩 과정에서도 책임을 회피하거나 피상적인 대응에 그칠 수 있으며, 이는 장기적으로 또 다른 위기를 불러올 수 있다.

　　따라서 리스크 리빌딩을 성공적으로 수행하기 위해서는 경영진, 각 부서, 실무자, 외부 협력자까지 각 주체가 자신에게 주어진 책임과 기능을 명확히 인식하고 적극적으로 참여하는 자세가 요구된다. 예를 들어, 경영진은 위기 책임의 수용과 방향 제시, 홍보팀은 대외 커뮤니케이션 및 이미지 회복, 품질 및 생산 부서는 근본 원인 개선, 고객상담팀은 신뢰 회복의 최전선으로서의 역할, 외부 전문가와 협력 기관은 객관적 진단과 실행력 강화 등 각 주체가 유기적으로 작동할 때 비로소 실질적인 회복과 개선이 가능해진다.

리스크 리빌딩의 주체

위기관리 책임 임원

위기관리 책임 임원은 리빌딩 전략의 최종 책임자로서 의사결정을 내리고, 전체적인 전략 방향을 설정, 자원 배분의 적절성을 평가, 조직의 위기 대응 역량 강화를 지휘한다. 내부적으로는 직원들과 소통하며, 리빌딩 과정을 명확히 설명하고, 외부적으로는 주주 및 주요 이해관계자와 투명하게 소통한다. 또한, 재발 방지 대책 수립과 기업의 지속 가능성 확보를 위한 장기적인 전략을 수립한다.

위기대응팀(식품안전 또는 종합품질)

위기대응팀은 위기 발생 원인과 대응 과정을 철저히 분석하여 개선점을 도출한다. 초기 대응, 커뮤니케이션 체계, 결재 라인, 실시간 정보 공유 체계 등을 평가하고, 대응 과정에서 발생한 문제점과 지연 요인을 분석해 효과적인 개선책을 마련한다.

또한, 위기 징후를 사전에 감지할 수 있는 조기 경보 시스템을 구축하거나 기존 시스템을 개선하고, 리스크 평가 매뉴얼과 대응 시나리오를 주기적으로 업데이트하여, 전 직원이 위기 상황에서 적절히 대응할 수 있도록 교육한다. 부서별 리스크 관리 책임자를 지정하고, 지나치게 한 부서나 개인에게 책임이 전가되지 않도록 하고, 조직 전체적인 협력 체계를 만들어야 한다. 정기적인 리스크 평가 보고서를 작성하여 실질적이고, 실행 가능한 대응책을 마련해야 한다.

홍보팀

홍보팀은 '위기 발생 후 24시간 내 대응 메시지 발표' 등 구체적이고 측정 가능한 목표를 설정하고, 미디어 대응 및 이미지 회복 전략의 효과성을 평가하여, 긍정적인 이미지를 회복하기 위한 커뮤니케이션 전략을 수립하고 실행한다. 언론과의 관계를 관리하며, 기업의 메시지를 정확하게 전달하여, 부정적인 인식을 최소화하고, 긍정적인 이미지를 홍보한다. 또한, 소셜미디어 플랫폼에서의 소비자 반응을 모니터링하고, 신속한 대응과 긍정적인 콘텐츠 제작으로 소비자와의 관계를 개선한다.

상담팀

고객상담팀은 위기 이후 소비자와 외부 이해관계자와의 소통을 강화하여 고객 신뢰 회복에 집중한다. 소비자 피드백과 불만 사항을 처리하는 프로세스를 간소화하고, 신속하고 효율적인 대응 체계를 구축한다.

고객의 소리를 조직 전체에 전달하는 시스템을 만들어 문제가 즉시 전달되고 해결하는 역할을 해야 한다. 위기 상황에서 활용할 수 있는 공지문, FAQ, 소셜미디어 대응 매뉴얼을 개발하고 전화, 이메일, 소셜미디어, AI 챗봇 등 다양한 소통 채널을 통해 고객과의 원활한 소통을 유지한다. 단순히 고객의 불만을 해결하는 데 그치지 않고, 장기적인 신뢰 구축을 목표로 고객 중심의 상담 전략을 수립한다.

영업 마케팅팀

영업 마케팅팀은 브랜드 회복 캠페인의 효과성과 소비자 신뢰 회복 여부를 평가하고, 구체적인 마케팅 목표를 수립한다. 소비자 신뢰 회복을 위한 마케팅 전략을 수립하고, 리브랜딩 또는 브랜드 회복을 위한 캠페인을 진행한다. 또한, 소비자 의견을 반영하여 제품이나 서비스 개선 전략을 수립하고 실행한다.

R&D 제품개발팀

R&D 제품개발팀은 제품 품질 향상과 안전성 강화의 성과를 평가하고, 지속적인 개선 목표를 설정한다. 위기 원인이 제품이나 서비스의 문제로 발생한 경우 이를 개선하고, 소비자 요구를 반영한 제품 혁신을 통해 기업 신뢰도를 회복한다. 또한, 식품 안전 기준을 강화하고, 향후 문제가 재발하지 않도록 품질 관리 시스템을 개선한다.

법무팀

법무팀은 법적 대응의 신속성과 규제 준수 여부를 평가하고, 모든 법적 위험을 48시간 내 검토하는 등의 신속한 대응 체계를 구축한다. 리빌딩 과정에서 관련 법률과 규제를 철저히 준수하도록 관리하고, 향후 리스크를 줄이기 위한 법적 가이드를 제공한다. 또한, 법적 문제 해결 시 기업 이미지가 추가적으로 훼손되지 않도록 신중하게 접근한다.

재무팀

재무팀은 자금 운용의 효율성과 재정 성과 분석의 정확성을 체계적으로 평가하며, 구체적인 비용 절감 목표를 수립하여 리빌딩 과정에서 필요한 자원의 효율적인 관리를 책임진다. 특히 위기 대응에 소요된 비용을 투명하게 회계 처리하고, 상황에 따라 외부 자금 조달 방안을 적극적으로 모색하여 재정적 회복을 도모한다. 또한 장기적인 성장 가능성을 고려한 전략적 투자 계획을 수립하고, 무리한 비용 절감으로 인한 운영 및 품질 저하를 방지한다.

경영기획팀(위기대응 종합상황실 운영)

경영기획팀은 위기관리 종합상황실 상황분석팀, 언론대응팀, 대외협력팀, 실행관리팀, 운영지원팀 의 운영을 총괄하며, 위기 발생 시 전사적 대응 체계를 조율한다. 각 부서의 역할을 명확히 하고, 정보 수집 및 분석을 통해 상황을 실시간으로 모니터링하며, 대응 전략을 통합적으로 관리한다. 위기 종료 후에는 대응 결과를 분석하고, 향후 위기 예방 및 대응 전략을 보완한다.

인사팀

인사팀은 위기 이후 직원들의 사기 증진과 교육 프로그램의 효과성을 면밀히 평가하고, 실질적인 직원 만족도 향상을 위한 구체적인 목표를 설정한다. 사기 향상을 위해 유연근무제 도입, 휴가 장려, 재충전 프로그램 등을 체계적으로 기획하며, 직원들에게 리빌딩 과정의 중요성을 충분히 공유하고, 위기 대응 및 예방 역량 강화를 위한 맞춤형 교육 프로그램을 개발해 적극적으로 시행한다. 필요에 따라 조직 구조의 효율적 개편을 검토하고, 직원들의 의견을 존중한 인사 발령을 고려한다.

4. 리빌딩 투자의 우선순위

위기 이후 조직이 회복과 성장을 위한 리빌딩에 착수할 때, 가장 현실적인 과제는 한정된 자원 속에서 무엇부터 투자하고 강화할 것인가에 대한 우선순위 설정이다. 모든 분야를 동시에 개선하는 것은 이상적이지만, 시간과 비용, 인력의 제약 속에서는 가장 시급하고 영향력이 큰 영역부터 단계적으로 복원하고 강화하는 전략적 판단이 필요하다.

리스크 리빌딩은 단순한 비용 지출이 아니라, 기업의 생존과 미래 성장을 위한 전략적 투자다. 따라서 투자 우선순위는 단기적 이미지 회복뿐만 아니라, 장기적으로 기업의 체질 개선, 신뢰 회복, 시스템 재구축이라는 관점에서 설정되어야 한다.

위기 이후 조직이 집중해야 할 핵심 투자 분야를 선별하고, 위험 노출도가 높은 영역, 직접적인 고객 신뢰와 연결되는 부문, 재발 방지를 위한 구조적 개선 대상 등 리빌딩의 효과성과 시급성을 기준으로 한 우선 투자 항목 선정의 원칙과 방향이 중요하다.

✦ 위기 이후 투자 우선순위

제품 품질 및 안전성 강화

위기의 원인이 제품 문제나 안전성과 관련된 경우, 소비자 신뢰 회복을 위해 제품 품질과 안전성을 최우선적으로 강화해야 한다. 이를 위해 제품 연구개발 R&D 기능을 확대하고, 안전성 검사 및 품질 보증 프로세스를 개선하며, 새로운 원료나 공정 기술을 적극적으로 도입해야 한다. 이러한 조치는 소비자에게 안전하고 신뢰할 수 있는 제품을 제공하는 기반이 된다.

리스크 관리 시스템 강화

유사한 위기의 재발을 방지하기 위해서는 리스크 관리 시스템의 강화가 필수적이다. 위기 징후를 조기에 감지할 수 있는 시스템을 구축하고, 리스크 대응 매뉴얼을 최신화하며, 실효성 있는 모의훈련 프로그램을 도입해야 한다. 또한, 기술적 도구와 데이터 분석 시스템을 통해 실시간 리스크 모니터링 체계를 마련해야 한다.

고객 신뢰 회복 및 서비스 강화

소비자와의 신뢰 회복은 위기 극복의 핵심 요소이다. 고객 상담 시스템을 개선 및 확장하고, 소셜미디어와 다양한 채널을 통해 고객과의 소통을 강화해야 한다. 고객 서비스 인력의 전문성을 높이고, AI 챗봇 등 자동화 시스템을 활용하여 빠르고 정확한 고객 응대를 제공해야 한다.

브랜드 이미지 회복 및 마케팅

위기로 손상된 브랜드 이미지를 회복하고 긍정적인 이미지를 재구축하는 것이 중요하다. 이를 위해 리브랜딩 전략을 수립 및 실행하고, CSR 사회적책임 활동을 확대해야 한다. 또한, 대중 캠페인 및 광고를 통해 긍정적인 이미지를 적극적으로 홍보해야 한다.

유통 및 공급망 재정비

위기로 인해 중단되거나 손상된 유통 및 공급망을 신속하게 재구축해야 한다. 공급망 다변화 및 유연한 유통 체계를 구축하고, 블록체인 기반 추적 시스템과 같은 최신 물류 기술을 도입해야 한다. 또한, 공급업체와의 관계를 재정비하고 계약 조건을 강화하여 안정적인 공급망을 유지해야 한다.

디지털 전환 및 혁신 기술 도입

기업의 경쟁력을 유지하고, 운영 효율성을 높이기 위해 디지털 전환과 혁신 기술 도입이 필수적이다. 생산 공정의 자동화 및 스마트 팩토리를 도입하고, 고객 경험을 개선할 수 있는 디지털 플랫폼을 구축해야 한다. 또한, 데이터 분석 및 AI 기술을 활용하여 리스크 관리를 강화하고 운영 효율성을 극대화한다.

직원 교육 및 사기 증진

위기 대응으로 인해 지친 직원들의 사기와 역량 회복은 기업의 지속 가능성을 위해 중요하다. 이를 위해 직원 재교육 및 리더십 프로그램을 운영하고, 정신적·육체적 건강 회복을 위한 복지 프로그램을 강화해야 한다. 내부 소통을 활성화하고 긍정적인 조직문화를 조성하는 프로그램도 필요하다.

재정적 안정성 확보

위기 대응 과정에서 발생한 재정적 손실을 회복하고, 안정적인 운영을 위해 재정적 안정성을 확보해야 한다. 자금 조달 전략을 수립하고 비용 절감 계획을 실행하며, 리스크 대비를 위한 재정적 비상 계획을 마련해야 한다. 또한, 손실에 대한 보험 보상 및 위험 분산 전략을 통해 안정적인 재무 기반을 구축해야 한다.

법 및 규제 준수 강화

위기 이후 법적, 규제적 문제 해결은 기업 정상화의 중요한 요소이다. 법률 자문 및 규제 준수 시스템을 강화하고, 관련 당국과의 관계를 개선하며 문제 해결에 적극적으로 나서야 한다. 또한, 향후 법적 리스크를 최소화하기 위한 내부 관리 체계를 강화해야 한다.

5.
위기 대응의 종료 시점 확인

어떤 위기든 그 자체보다 더 중요한 것은 언제, 어떻게 종료할 것인가에 대한 판단과 기준이다. 위기 상황이 발생하면 조직은 비상 체제를 가동하고 전사적 대응에 나서지만, 모든 대응은 끝나는 지점이 있어야 한다. 이 시점을 명확히 설정하지 않으면 불필요한 자원 소모, 대응 피로 누적, 오히려 위기의 장기화라는 부작용이 발생할 수 있다.

위기 대응의 종료는 단순히 사태가 잠잠해졌다는 감각적 판단이 아니라, 명확한 기준과 수치, 이해관계자의 반응, 내부 시스템의 정상화 여부 등을 종합적으로 검토한 결과에 따라 결정되어야 한다. 종료 시점을 명확히 설정함으로써 이후의 리빌딩 단계로의 전환, 내부 평가, 재발 방지 조치 설계 등 조직의 다음 단계로 나아갈 수 있는 기반이 마련된다. 위기 대응을 종료할 수 있는 적정 시점을 어떻게 판단할 것인지, 이를 위해 필요한 기준, 절차, 내부 보고 체계 등에 대해 구체적으로 살펴보아야 한다. 위기의 끝을 명확히 선언하는 것은 책임감 있는 위기 관리의 마지막 단계이자, 회복과 성장의 출발점이다.

위기 대응 종료 기준

위기의 직접적 영향이 사라졌을 때

이는 위기의 원인이 해결되어 더 이상 기업 운영에 영향을 미치지 않는 상태를 의미한다. 또한 언론, 소비자, 규제기관 등 외부의 부정적인 반응이나 압력이 완화되거나 사라졌을 때도 해당된다.

손상된 신뢰가 회복되었을 때

소비자들이 기업을 다시 신뢰하고 제품이나 서비스를 이용하기 시작했을 때, 소비자 만족도 조사나 피드백 분석을 통해 이를 확인할 수 있다. 주주나 비즈니스 파트너들이 기업에 대한 신뢰를 회복하고, 정상적인 관계를 유지하게 되었을 때도 중요한 지표가 된다.

내부 시스템과 프로세스가 정상화되었을 때

위기 대응을 위해 조정된 운영과 프로세스가 본래 상태로 복귀되고, 생산이 재개되거나 인력 재배치가 완료되는 등 운영 정상화가 이루어져야 한다. 또한, 임시로 구성된 위기 대응 조직이나 팀이 해체되거나 본래 역할로 복귀할 수 있는 시점도 이에 포함된다.

위기 대응 목표가 달성되었을 때

위기 이후 수립된 리빌딩 계획이 매출 회복, 이미지 개선, 제품 재출시 등 목표를 성공적으로 이행했는지 성과 지표를 통해 확인한다.

위기 재발 방지를 위한 체계가 구축되었을 때
새로운 리스크 관리 체계나 시스템이 마련되어야 하며, 직원들이 위기 대응 매뉴얼에 따라 교육을 받았고, 향후 유사한 상황에서도 빠르게 대응할 수 있는 준비가 완료되어야 한다.

외부 기관이나 규제 당국과의 문제가 해결되었을 때
정부나 규제기관의 조사나 제재가 종료되고, 법적 문제가 해결되었으며, 피해자 보상이나 법적 합의가 완료되었을 때가 이에 해당된다.

내부 및 외부의 재평가를 통한 확인
사내 평가를 통해 위기 대응 과정과 결과를 분석하고 목표 달성 여부를 확인하며, 외부 전문가나 컨설턴트의 도움을 받아 객관적인 평가를 진행한다.

경제적 성과가 회복되었을 때
매출이나 수익이 위기 이전 수준으로 회복되거나 안정적인 성장세를 보이며, 상장된 기업의 경우 주가가 회복되거나 안정적인 주가를 유지할 때 위기 대응을 마무리할 수 있다.

6. 위험 예지 시스템

　리스크 리빌딩 과정에서 가장 중요한 과제 중 하나는 같은 위기가 다시 발생하지 않도록 사전에 예측하고 대비할 수 있는 체계를 구축하는 일이다. 아무리 신속하고 효과적인 대응을 했더라도, 동일한 문제가 반복된다면 고객의 신뢰는 회복되기 어렵고, 조직 내부의 리스크 대응 역량도 근본적으로 약화될 수밖에 없다. 이러한 점에서 위험 예지 시스템 Risk Prediction System 은 단순한 경고 장치를 넘어, 위기 재발 방지를 위한 핵심 기반이라 할 수 있다.

위험 예지 시스템의 필요성

조기 경고를 통한 사전 예방

위험 예지 시스템은 잠재적인 위기 징후를 조기에 감지하여, 실제로 문제가 발생하기 전에 대응할 수 있도록 한다. 이를 통해 위험을 사전에 차단하고, 위기 발생 가능성을 낮출 수 있다. 예를 들어, 식품 안전 관련 데이터를 실시간으로 모니터링하여 품질 이상이 감지될 경우 즉시 조치를 취할 수 있다.

신속한 대응

위험 예지 시스템을 통해 수집된 데이터와 분석 결과는 위기 발생 시 신속한 대응 전략을 수립하는 데 중요한 정보를 제공한다. 위험 요소를 조기에 파악하고, 이에 대한 대응 방안을 사전에 준비해 놓으면 위기 상황에서 빠르고 효과적으로 대처할 수 있다. 이는 피해 규모를 최소화하고, 조직의 회복력을 높이는 데 기여한다.

위기 대응 능력 향상 및 학습 기회 제공

위험 예지 시스템은 과거 위기 사례나 데이터 분석을 통해 반복적으로 발생할 수 있는 위험을 예측하고, 이에 대한 대응 방안을 지속적으로 개선할 수 있는 기회를 제공한다. 이를 통해 조직은 위기 대응 능력을 향상시키고, 더 나아가 위기 관리의 선진화를 도모할 수 있다. 또한, 예측 결과를 바탕으로 시나리오별 대응훈련을 실시해 위기 대응의 숙련도를 높일 수 있다.

리스크 커뮤니케이션의 효과성 강화

위험 예지 시스템을 통해 위기와 관련된 정보를 미리 수집하고 분석하면, 내부 직원은 물론 이해관계자들에게 보다 정확하고 신뢰성 있는 정보를 제공할 수 있다. 이를 통해 리스크 커뮤니케이션의 효과성을 높이고, 위기 상황에서 불필요한 혼란을 줄일 수 있다. 사전에 준비된 커뮤니케이션 계획과 메시지를 통해 신속하게 대응함으로써 소비자와 외부 이해관계자들의 신뢰를 유지할 수 있다.

비용 절감과 자원 효율성 증대

위험이 실제로 발생한 이후에 대응하는 것보다, 위험을 사전에 예측하고 예방하는 것이 비용 면에서 훨씬 효율적이다. 위험 예지 시스템은 위기 예방을 위한 최적의 자원 배분을 가능하게 하여 불필요한 비용을 줄이고, 자원을 효율적으로 사용할 수 있게 한다. 위기 대응의 효율성을 높이면서도, 불필요한 손실을 최소화할 수 있다.

예상치 못한 위기는 언제든 발생할 수 있으며, 사후 대응만으로는 피해를 완전히 막기 어렵다. 따라서 리스크를 사전에 감지하고 조기에 대응할 수 있는 위험 예지 시스템의 구축은 기업의 지속 가능성을 확보하는 데 필수적이다.

위험 예지 시스템은 데이터 기반의 분석을 통해 이상 징후를 조기에 탐지하고, 위기를 예방하거나 피해를 최소화하는 전략적 도구로 작동하며, 특히 위기를 한 차례 겪은 조직에게는 재발 방지를 위한 가장 현실적이고 효과적인 수단이다.

✳️ 위험 예지 시스템 사례

○○사는 해외 식품 안전 이슈에 대해 선제적으로 대응하기 위해 AI 기반 '식품안전정보 관리시스템'을 구축했다. 이는 해외 식품안전정보 발생 시 정보수집, 분류, 분석, 모니터링 등 전 과정에 AI 기반의 자동화 시스템을 목표로 개발됐다. 사용자는 해외 각국의 식품안전 정보를 자동화 시스템을 통해 신속하게 제공받음으로써 사전 대응 및 업무처리 시 편의성과 효율성을 높일 수 있다.[12]

우리는 이세돌 프로가 하는 AI와의 바둑 대결을 보았고, 최근 개최된 CES 2025에서는 모든 생활에 AI가 일상화되며, 인간형 로봇이 곧 현실로 다가온 기술의 세계에 살고 있음을 실감했다. 이 AI 직원은 24시간 쉬지 않고 일한다. 바꾸어 말하면 기업은 24시간 쉬지 않고 정보를 감시하고, 대응해야 한다는 반증이기도 하다.

'식품안전정보 관리시스템'은 원료 조달과 수출이 전 지구적인 환경의 기업 경영에서 위기를 사전에 대응하기 위한 선진 관리 시스템이다. 앞서 여러 번 강조한 분석 기술의 발달과 유해물질 관리의 불확실성과 복잡성, 인터넷이 가져다준 동시성 등을 대응하는 최적의 관리 방법이다. 하지만 창과 방패가 우위를 확보하기 위해 변화 발전하듯 이 시스템 역시 개선되고 발전해야 살아남을 수 있음을 인식해야 하는 것이 안전 관리인의 숙명이다.

---

[12] NDS, 농심 'AI 기반 식품안전정보 관리시스템' 구축, IT DAILY, 2023.08.03.

식품안전정보 관리시스템

이 시스템은 해외 각국의 식품 안전 관련 데이터를 자동으로 수집·정제·분석하여, 위험요소를 조기에 예측하고 신속한 의사결정을 지원하기 위한 AI 기반의 통합 분석 플랫폼이다. 총 15개 채널을 통해 12개국의 식품안전정보를 실시간으로 수집하고, 수집된 다국어 데이터를 자동 번역 및 정제 처리한 뒤, AI 모델을 통해 위험 징후를 분석 및 예측한다. 이후 분석된 결과는 DB에 구조화하여 저장되며, 사용자는 이를 대시보드 형태로 시각적으로 확인하고 의사결정에 활용할 수 있다. 단순한 모니터링을 넘어, 해외 식품 리스크를 선제적으로 감지하고, 기업의 대응 속도와 효율성을 극대화하는 디지털 기반 위험 예지 인프라라 할 수 있다.

시스템 구성

다음에 나오는 그림은 일반적인 예지 시스템 플로우이다.

(1) 데이터 수집 시스템

AI 기술 발전은 빅데이터 기술이 발전하기 시작하면서부터라고 볼 수 있다. 빅데이터 기술은 과거 한정적이고 일시적일 수밖에 없던 외부 데이터를 수집 가능하게 해주었다. 크롤링 Crawling 기술과 API를 적극 활용하여 주요 12개국 15개 채널 데이터를 수집하고, 수집된 데이터는 국가별/채널별 파일구조와 크기, 언어가 다르기 때문에 다양한 기술을 통해 전처리해야 한다.

• 위험 예지 시스템 플로우

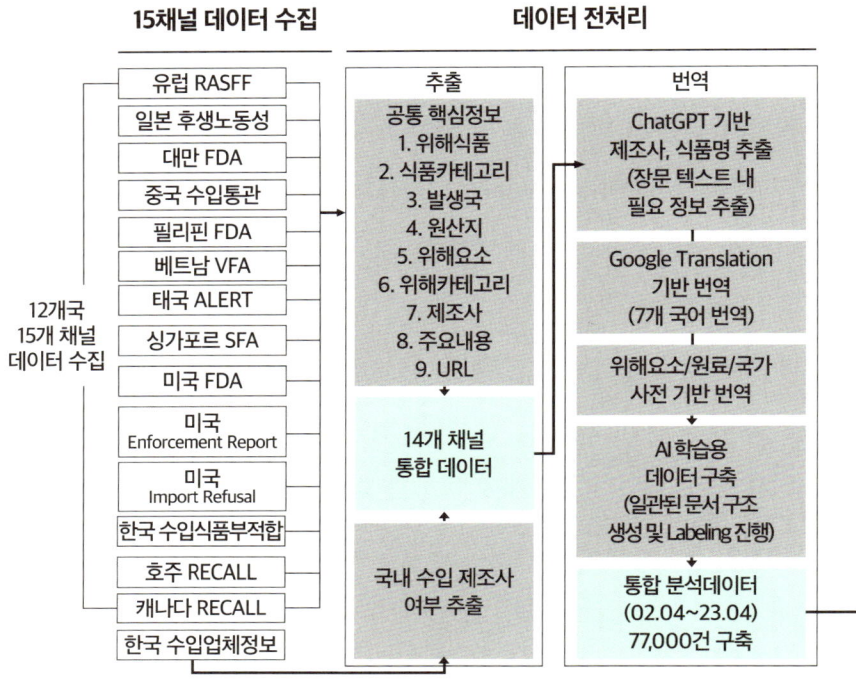

(2) 데이터 전처리 시스템

■ **추출** : 위해식품/식품카테고리/발생국/원산지/위해요소/위해카테고리/제조사 등 다양한 핵심 정보를 추출한다.

■ **번역** : 이렇게 만들어진 통합데이터로부터 LLM을 활용하여 제조사, 식품명을 추출하고, 번역 AI를 통해 7개 국어를 번역한다. 일관된 문서 구조를 생성하고, 라벨링 Labeling 을 진행하여 AI 학습용 데이터를 구축한다.

AI 분석		DB 구축 (데이터 DB화)	디스플레이
데이터 Generating AI 학습 데이터를 풍부하게 만들기 위해 77,000건의 식품 부적합 사항 문서를 조합하여 약 3.5백만 건의 가상 데이터 생성	지수화 모델(부적합 사례 도출) HIDDEN 1. AI 분류 모델 확신도 활용 (1+2 확률 기반 잠재적으로 관련성이 존재하는 식품 부적합 도출)	위해정보 모니터링용 DB 테이블 구축	대시보드 오늘의 위해정보 시간 단위 채널별 중요, 관심 모니터링 위해정보 검색 기간별 위해정보 검색 프로그램
임베딩 모델 식품 부적합 사항 관련 문서 맥락 이해를 위한 임베딩 모델 학습	HIDDEN 2. 국내 수입 제조사 중 직수입 업체 관련 여부 도출 자동화	AI 분석결과 테이블 구축 (관련성 분류, HIDDEN 1-3, RISING)	Team Board 연구원별 위해정보 관리 프로그램 (이슈 그룹 선택, 게시, 공유)
분류 모델 관련성 기준 '중요, 관심, 기타' 분류 모델 학습	HIDDEN 3. 과거 존재하지 않았던 신규 위해요소 도출 RISING 최근 자주 등장하는 식품 부적합 사례 도출		Visual Info AI 분류에서 잡히지 않는 숨은 식품 부적합 사례 도출

(3) AI 분석

■ **데이터 생성** : 수집된 데이터에는 실제 식품 부적합 관련 데이터의 양은 많지 않기 때문에, 식품 부적합 사항 문서를 조합하여 가상 데이터를 만들어 균형을 맞추고 학습 데이터를 풍부하게 만들어 준다.

■ **임베딩 모델** : 텍스트의 분류 모델을 만들기 위해 FastText 시스템을 사용하여, 문장에서 자주 등장하지 않는 단어나 오타, 특히 한국어의 여러 형태가 섞이고 형태 변화가 잦은 언어의 의미 파악력을 높여,

식품 부적합 사항 문서의 이해도 향상을 위한 임베딩 모델 학습을 시행한다.

■ **분류 모델** : 일반적으로 사람이 직접 읽고 해석하고 판단한 결과를 학습하여, 수집된 정보들을 사람과 같이 분류하기 위한 모델이다. 관련성을 기준으로 '중요/관심/기타' 세 가지로 분류되도록 학습하고 모델링한다. 딥러닝 순환 신경망 모델의 한 종류인 Bi-LSTM으로 중요한 정보에 대한 우선순위와 기존 정보와 새로운 정보를 적절하게 조합하여, 더 정확한 예측을 가능하게 한다. 임베딩 모델은 문장 속에서 어떤 것이 제품명이고, 어떤 것이 위해요소인지를 탐지해 내며, 분류 모델은 관련성이 높은지 낮은지를 분류할 수 있는 AI 모델이다.

■ **지수화 모델** : AI 모델이 분류를 아무리 잘한다고 해도, 식품 안전의 범위와 이슈 발생이 불안정하기 때문에 관련성이 없을 것이라고 판단한 내용들만을 모아서 만일의 경우를 대비한 지수화 모델을 개발하였다.

① 관련성이 없다고 판단한 것 중에 잠재적으로 관련성이 존재하는 식품 부적합 내용을 다시 한번 도출한다.
② 국내 수입 제조사 중 관련성 여부를 자동으로 도출한다. 수집된 식품안전정보 중 제조사 데이터를 바탕으로 식약처의 '수입식품정보마루'의 국내 수입 제조사 현황과 매칭하여 국내 수입업체 정보를 제공해 주는 기능이다.
③ 최근 수개월 간 보이지 않았던 위해요소를 신규로 체크하여 제공한다.
④ 최근 자주 등장하는 식품 부적합 사례가 있는지를 찾고 이를 도출한다.

(4) DB 구축 및 시각화

식품위해정보 모니터링 DB테이블, AI 분석결과 테이블을 시각화 솔루션과 연계하여, 사용자가 쉽게 현황을 파악하고 모니터링할 수 있도록 한다. 리서치 - 모니터링 - 확인 - 조치 - 공유하는 업무를 시스템이 위험과 관심 알람을 줄 때만 확인하고 조치하면 된다. 그리고 필요에 따라 새로운 위해요소를 DB에 학습시켜 지속적으로 사용할 수 있다. 기술은 사람의 안전을 위해 활용되는 것으로, 이것이 기술이 주는 가치라 생각된다.

7.
위기 대응 모의훈련

위기 대응 모의훈련은 기업이 예상치 못한 위기 상황에 효과적으로 대응하기 위한 프로그램이다. 특히 식품 안전 문제나 제품 품질 이슈가 발생했을 때 신속하고 정확한 대응이 브랜드 신뢰도와 직결된다. 따라서 실전과 같은 훈련을 통해 실제 상황과 유사한 환경을 조성하고, 대응 체계를 점검하는 것은 매우 중요하다.

준비 및 개요

모의훈련은 조직의 위기 대응 매뉴얼이 실질적으로 작동하는지 검증하고, 미흡한 부분을 보완하는 기회가 된다. 아무리 정교하게 작성된 매뉴얼이라도 실전에서 얼마나 효과적으로 적용되는지는 훈련을 통해서만 확인할 수 있다. 또한, 각 부서와 구성원들이 자신의 역할과 책임을 명확히 이해할 수 있는 사전 토의 훈련에서 부서 간 협력 체계를 강화하는 기회가 된다. 위기 상황에서는 빠른 판단과 행동이 요구되기 때문에, 반복적인 훈련을 통해 이러한 역량을 체계적으로 강화해야 한다.

훈련을 효과적으로 수행하기 위해서는 몇 가지 원칙을 준수해야 한다.

첫째, 현실성 있는 시나리오를 구성하는 것이 중요하다. 지나치게 이상적이거나 비현실적인 시나리오는 실제 위기 상황에서 도움이 되지 않는다. 시장 상황, 소비자 반응, 미디어 보도 등 실제 상황을 충분히 반영한 시나리오가 필요하다.

둘째, 훈련이 단순히 정해진 절차를 따르는 형식적인 과정이 되지 않도록 주의해야 한다. 훈련에 참여하는 모든 구성원들은 훈련의 목표와 자신의 역할을 충분히 이해하고 있어야만 훈련이 형식적으로 진행되는 것을 방지할 수 있다. 정기적인 훈련을 통해 위기 대응 능력을 지속적으로 점검하고, 개선한다.

셋째, 훈련 내용과 결과는 외부로 유출되지 않도록 철저히 보안 관리를 해야 한다. 위기 대응 훈련은 민감한 정보를 다루기 때문에, 훈련 시나리오와 결과물이 외부에 노출되면 기업의 이미지에 악영향을 미칠 수 있다. 따라서 훈련은 비공개로 진행하고, 다소 현장감이 떨어지더라도 온라인 훈련 프로그램 사용을 권고한다.

✳ 상황훈련

식품기업은 언제든지 예상치 못한 원재료 이상, 제조 공정상 결함, 유통 중 오염 등의 위기 상황에 직면할 수 있다. 특히 글로벌 공급망을 통해 수입되는 원재료에서 기준치 초과 농약 성분이나 유해물질이 검출되는 경우, 해당 이슈는 단기간 내 소비자 불안과 언론 확산, 그리고 규제기관의 개입으로 이어질 수 있다.

이러한 위기 상황에 대비하기 위해서는 평상시부터 전사적 대응 체계와 위기 단계별 시나리오를 바탕으로 한 실전형 모의 훈련이 필수적이다. 다음의 가상 훈련은 '수입 원재료에서 허용 기준치를 초과하는 농약 성분이 검출된 상황'을 가정하고, 초기 원인 파악부터 전사 대응, 제품 회수, 사후 보고 및 재발 방지까지 전 과정을 종합적으로 점검하는 것을 목적으로 한다.

훈련은 실제 발생 가능한 상황에 기반해 단계별로 전개되며, 각 부서가 어떤 역할을 수행하고 어떻게 협력해야 하는지를 명확히 인식할 수 있도록 구성되어 있다. 이 과정을 통해 기업은 위기 대응 역량을 강화하고, 실전 대응 시 혼란을 최소화하며, 소비자 신뢰 회복의 기반을 미리 구축할 수 있다.

'농약 성분 초과 수입 원재료 사용'에 따른 위기 대응 모의훈련

1. 상황 개요
1) 수입 원재료에서 허용 기준을 초과하는 농약 성분이 검출됨.
2) 당국이 해당 원재료를 사용한 업체를 조사 중이며, 자사 제품에서도 해당 원재료가 사용되었음이 확인됨.
3) 내부 위기 대응 매뉴얼에 따라 1단계(팀 대응) → 2단계(부문 대응) → 3단계(전사 대응: 제품 강제 회수)로 확대됨.

2. 대응 단계 및 부서별 임무 수행 시나리오
▶1단계: 팀 대응(내부 확인 및 대응 준비)
1) 품질관리팀(QC)
   (1) 원재료 입고 내역 및 사용 내역 추적
   (2) 제품별 농약 성분 검사 추가 진행
   (3) 검사 결과에 따라 초기 대응 방향 검토
   (4) 사용된 원재료에 대한 제조 LOT 및 출하 기록 확보
2) 생산팀
   (1) 해당 원재료가 사용된 제품의 생산 중단
   (2) 생산라인 교차 오염 여부 확인
   (3) 향후 생산 계획 수정 검토
3) 연구개발팀(R&D)
   (1) 대체 원재료 검토 및 변경 가능성 확인
   (2) 제품 안전성 및 기준 준수 여부 검토

4) 법무팀

(1) 관련 법규 및 규제 검토

(2) 당국 조사 시 제출할 서류 준비

5) 구매팀

(1) 해당 원재료 공급업체에 대한 확인 및 거래 중지 조치

(2) 공급업체와 협력하여 추가 정보 확보

6) 위기관리팀

(1) 상황 분석 및 내부 보고

(2) 위기 확산 가능성 평가

(3) 내부 대응 시나리오 준비

▶2단계: 부문 대응(내부 통제 및 메시지 준비)

1) 경영진(CEO, COO, CSO)

(1) 내부 대응 검토 및 지침 제공

(2) 주요 의사결정 진행(제품 판매 중지 여부 등)

2) 홍보팀(PR)

(1) 소비자 및 미디어 대응 전략 준비

(2) 당국 발표 전후 대응 메시지 수립

(3) 온라인 및 오프라인 여론 동향 모니터링

3) 고객상담팀(CS팀)

(1) 예상되는 소비자 문의 대응 매뉴얼 준비

(2) 콜센터 및 SNS 문의 증가 대비 상담 인력 확보

4) 유통 및 영업팀

  (1) 해당 제품의 유통망 파악 및 회수 가능성 검토

  (2) 대형 유통업체 및 거래처와 협의 진행

5) 내부 감사팀

  (1) 품질관리 및 생산 절차의 적절성 검토

  (2) 향후 재발 방지 대책 수립

▶ **3단계: 전사 대응(제품 강제 회수 및 공식 발표)**

1) 위기관리위원회

  (1) 위기 대응 총괄 및 의사결정

  (2) 제품 강제 회수 결정 및 실행 계획 승인

  (3) 관계 당국 및 이해관계자 대응 조정

2) 종합상황실

  (1) 실시간 위기 대응 상황 모니터링

  (2) 각 부문별 협업 및 정보 공유

  (3) 회수 진행 상황 및 소비자 반응 분석

  (4) 공식 사과문 발표

소비자 여러분께 깊이 사과드립니다.
당사의 제품에서 기준을 초과하는 농약 성분이 검출된 점에 대해 진심으로 사과드립니다. 소비자 여러분의 건강과 안전을 최우선으로 고려하여 해당 제품을 즉시 회수하고, 철저한 검사를 통해 안전성을 확보하겠습니다. 당사는 이번 사태를 매우 심각하게 받아들이며, 내부 품질관리 시스템을 더욱 강화하고, 향후 유사한 문제가 재발하지 않도록 최선을 다할 것입니다. 소비자 여러분께 큰 심려를 끼쳐드려 다시 한번 깊이 사과드립니다.

              ○○○○주식회사 대표이사 올림

(5) 제품 회수 공고문 발표

소비자 여러분께 알립니다.

당사에서 판매한 일부 제품에서 허용 기준을 초과한 농약 성분이 검출되어, 소비자 안전을 최우선으로 고려하여 해당 제품을 자발적으로 회수합니다. 소비자 여러분의 협조를 부탁드립니다.

1. 회수 대상 제품
제품명: ○○○○
제조일자: YYYY년 MM월 DD일 ~ YYYY년 MM월 DD일
소비기한: YYYY년 MM월 DD일까지
제품 LOT번호: LOT번호 A12345, A67890 등
판매 기간: YYYY년 MM월 DD일부터 YYYY년 MM월 DD일까지
유통 경로: 대형마트, 편의점, 온라인몰 등
2. 회수 사유
식품의약품안전처 조사 결과, 해당 제품에서 허용 기준을 초과하는 농약 성분이 검출되었습니다. 이에 따라 소비자 건강 보호를 위해 해당 제품을 자발적으로 회수하고, 관련 당국과 협력하여 안전 조치를 시행하고 있습니다.
3. 조치 사항
해당 제품을 보유하고 계신 소비자께서는 아래 방법으로 회수 및 환불을 진행해 주시기 바랍니다.
구매처 방문 회수: 해당 제품을 구매하신 매장(대형마트, 편의점 등)에 반납하시면 즉시 환불해 드립니다.
택배 회수: 온라인으로 구매하신 고객께서는 당사 고객센터(☎ 080-123-4567)로 연락 주시면 택배를 통한 회수 및 환불 절차를 안내해 드립니다.
기타 문의: 고객지원센터(☎ 080-123-4567, 운영시간: 평일 09:00~18:00)로 문의 주시면 친절히 안내해 드리겠습니다.

3) 품질관리팀 & 물류팀

　(1) 유통된 제품의 회수 작업 개시

　(2) 소비자에게 회수 방법 공지 및 절차 실행

4) 홍보팀(PR)

　(1) 공식 입장 발표 및 소비자 신뢰 회복 전략 수행

　(2) 미디어 인터뷰 및 Q&A 자료 배포

　(3) 소셜미디어 및 온라인 홍보 대응

　(4) 제품 회수 및 보상 안내 공고문 작성 및 배포(홈페이지, SNS, 언론 등)

5) 법무팀

　(1) 당국 대응 및 법적 책임 검토

　(2) 소비자 피해 보상 방안 검토

　(3) 관련 기관(식약처 등) 보고 및 협조 진행

6) 고객상담팀(CS팀)

　(1) 회수 절차에 대한 문의 대응 강화

　(2) 소비자 신뢰 회복을 위한 후속 대응 진행

　(3) 고객 대상 보상 정책 안내 및 실행

7) 연구개발팀(R&D) & 구매팀

　(1) 대체 원재료 확보 및 제품 재개발 진행

　(2) 공급업체 변경 및 새로운 원재료 안전성 확보

8) 재무팀

　(1) 회수 비용 및 보상 계획 검토

　(2) 재무 리스크 분석 및 대응 계획 수립

9) 정부 및 규제기관 대응팀

    (1) 식약처 및 관련 기관에 공식 보고

    (2) 회수 진행 상황 및 재발 방지 대책 제출

    (3) 기관의 요구사항에 따른 후속 조치 이행

3. 식약처 보고 문서

1) 회수 계획서

    (1) 제품 회수 사유 및 개요

    (2) 대상 제품 정보(LOT번호, 제조일자, 소비기한 등)

    (3) 회수 절차 및 일정

    (4) 소비자 및 유통업체 대상 회수 공지 계획

    (5) 회수 후 처리 계획 및 보상 방안

2) 회수 결과 보고서

    (1) 회수 진행 현황 및 성과

    (2) 회수된 제품 수량 및 비율

    (3) 소비자 대응 사례 및 주요 이슈

    (4) 추가적인 대응 조치 및 개선 계획

3) 폐기 결과 보고서

    (1) 회수된 제품의 폐기 방법 및 절차

    (2) 폐기 수행 장소 및 기관

    (3) 폐기 증빙 서류 및 확인 절차

    (4) 향후 재발 방지를 위한 품질관리 강화 계획

4. 사후 조치 및 재발 방지 대책

1) 원재료 검사 절차 강화 및 협력업체 관리 방안 재정비

2) 비상 대응 프로세스 개선 및 직원 교육 강화

3) 신속한 정보 공유 시스템 구축

4) 소비자 신뢰 회복을 위한 추가 조치(리콜 후 보상 정책 등)

5) 정부 기관과의 지속적인 협력 및 개선 방안 마련

❄ 훈련 평가와 주의사항

훈련이 끝난 후에는 반드시 사후 평가와 피드백을 통해 문제점과 개선 사항을 도출해야 한다. 위기 대응 모의훈련은 훈련 자체의 실행도 중요하지만, 그에 대한 철저한 평가와 개선이 뒤따라야 실질적인 효과를 얻을 수 있다.

훈련 주관 부서는 효과적인 훈련 평가를 위해 다양한 측면에서 조직의 대응 능력을 면밀히 분석해야 한다. 우선, 훈련 전후의 변화를 비교하는 평가가 필요하다. 훈련 전에 구성원들이 위기 대응 매뉴얼과 절차를 얼마나 이해하고 있는지 점검하고, 훈련 이후에는 실제 대응 능력이 얼마나 향상되었는지를 측정한다. 이러한 사전·사후 비교를 통해 훈련의 효과를 객관적으로 분석할 수 있다.

또한 훈련 중에 각 부서와 개인이 자신에게 부여된 역할과 책임

을 제대로 수행했는지를 평가해야 한다. 이는 훈련이 계획대로 진행되었는지, 대응 절차가 매뉴얼에 맞게 실행되었는지를 확인하는 과정이다. 이와 함께 위기 상황에서의 신속성과 정확성도 중요한 평가 기준이다. 초기 대응부터 문제 해결까지의 전 과정에서 얼마나 빠르고 정확하게 의사결정이 이루어졌는지, 각 단계에서 적절한 조치가 취해졌는지를 면밀히 살펴보아야 한다.

특히 위기 상황에서는 부서 간 협업과 원활한 커뮤니케이션이 필수적이다. 따라서 훈련 과정에서 정보가 적시에 정확하게 공유되었는지, 의사소통의 흐름에 문제가 없었는지도 평가해야 한다. 예상치 못한 돌발 상황에 대한 대응력 역시 중요한 평가 요소다. 기존 매뉴얼로 해결하기 어려운 상황에서 얼마나 창의적이고 유연하게 문제를 해결했는지 점검함으로써 실질적인 대응 역량을 강화할 수 있다.

참여자들의 의견을 수렴하고, 훈련 중 발생한 문제를 분석해 위기 대응 매뉴얼과 프로세스를 개선하는 데 반영해야 한다. 이러한 사후 피드백 과정은 다음 훈련의 질을 높이고, 실제 위기 상황에서의 대응력을 한층 강화하는 데 큰 도움이 된다.

위기 대응 모의훈련은 단순히 계획된 절차를 따르는 활동이 아니라, 기업의 생존과 직결된 전략적 활동이다. 철저한 평가와 실질적인 개선을 통해 위기 상황에서도 흔들리지 않는 대응 역량을 갖출 수 있으며, 이는 결국 고객의 신뢰를 얻고 기업의 지속 가능성을 높이는 기반이 된다.

> 여기서 잠깐!

● 초콜릿은 언제 디저트가 되었을까?

초콜릿은 오늘날 전 세계에서 사랑받는 디저트의 대명사이지만, 처음부터 달콤하고 부드러운 간식으로 시작된 것은 아니다. 초콜릿이 디저트로 자리 잡기까지는 수천 년의 시간이 걸렸고, 그 과정은 인류의 역사, 기술, 경제적 변화와 깊이 연결되어 있다.

초콜릿의 기원은 약 4,000년 전 중남미 지역의 고대 문명으로 거슬러 올라간다. 마야와 아즈텍 문명에서 카카오는 신성한 식물로 여겨졌고, 카카오 콩은 종교 의식, 왕족의 사치품, 심지어 화폐로도 사용되었다. 이들은 카카오 콩을 갈아서 만든 쓴맛의 음료를 즐겼는데, 이는 오늘날 초콜릿의 기원으로 여겨진다. 당시의 초콜릿은 단순한 음식이 아니라 신성한 의미와 부를 상징하는 상류층의 음료였다.

초콜릿이 유럽에 전해진 것은 16세기, 스페인의 탐험가들이 아메리카 대륙에서 카카오를 가져오면서부터다. 초기에는 아메리카에서 전래된 방식처럼 쓴맛의 음료로 소비되었으나, 유럽에서는 이를 달콤하게 만들기 위해 설탕, 계피, 바닐라와 같은 향신료를 첨가했다. 이로 인해 초콜릿 음료는 건강을 증진하고 에너지를 높여주는 고급 제품으로 인식되었다. 그러나 여전히 초콜릿은 값비싼 재료였기 때문에 귀족과 왕족 같은 상류층의 전유물이었다.

초콜릿이 오늘날과 같은 고체 디저트로 변모한 것은 19세기에 이르러서다. 1828년, 네덜란드의 콘라드 판 호우턴(Coenraad van Houten)이 코코아 프레스를 발명하면서 초콜릿 제조에 혁신이 일어났다. 이 장치는 카카오 콩에서 카카오 버터를 분리하여 코코아 가루를 생산할 수 있게 했고, 이를 통해 초콜릿의 질감과 제조 비용이 크게 개선되었다. 이 발명은 초콜릿이 더 이상 음료 형태에 국한되지 않고, 다양한 형태로 가공될 수 있는 기반을 마련했다.

1847년, 영국의 초콜릿 회사 프라이(Fry's)가 세계 최초로 고체 형태의 초콜릿 바를 출시했다. 이후 1875년, 스위스의 다니엘 피터(Daniel Peter)가 우유를 첨가해 부드럽고 달콤한 밀크 초콜릿을 개발하며, 오늘날 초콜릿 디저트의 근간이 완성되었다. 이 시기 초콜릿은 기술 발전과 대량생산의 영향을 받아 대중화되었고, 값비싼 귀족 음료에서 벗어나 일반 대중이 즐길 수 있는 간식으로 자리 잡았다.

산업혁명은 초콜릿 디저트를 더욱 확산시키는 계기가 되었다. 대량생산 기술이 발전하면서 초콜릿의 가격은 하락했고, 품질은 꾸준히 개선되었다. 이를 통해 초콜릿은 특별한 날에만 먹는 사치품이 아니라, 일상에서 즐길 수 있는 디저트로 변화했다. 동시에 캐드버리(Cadbury), 허쉬(Hershey), 린트(Lindt)와 같은 초콜릿 브랜드들이 다양한 형태의 초콜릿 제품을 출시하며 시장을 확장했다.

오늘날 초콜릿은 디저트 문화의 중심에 있다. 단순한 초콜릿 바에서부터 케이크, 아이스크림, 쿠키 등 다양한 디저트에 활용되며, 초콜릿은 특별한 기념일과 선물의 상징으로도 자리 잡았다. 또한, 현대에는 카카오 함량이 높은 다크 초콜릿과 싱글 오리진 초콜릿 같은 프리미엄 제품이 등장하며 건강과 품질을 중시하는 소비자들에게도 사랑받고 있다.

초콜릿이 디저트가 된 것은 기술 혁신, 설탕과의 결합, 대량생산 체계의 발전, 그리고 사회적 변화가 어우러진 결과이다. 음료로 시작된 초콜릿은 이제 전 세계적으로 사랑받는 디저트가 되었으며, 그 과정에서 초콜릿은 단순한 간식을 넘어 인류의 문화와 생활방식을 풍요롭게 하는 중요한 요소로 자리 잡았다.

식품 커뮤니케이션 연구소(Food Communication Partners) 소개

　　식품 커뮤니케이션 연구소는 이 책의 출간을 맡아주신 도서출판 예미 황부현 대표님의 "그렇게 평생을 살아온 업계에 도움 되고 싶다면 책뿐만이 아니라 연구소를 설립해 적극적으로 활동하는 것이 좋겠는데요"라는 제안으로 탄생했다. 처음에는 '책 쓰는 것만으로도 어려웠는데 가능할까? 지금껏 회사 생활을 잘 마무리했는데 또 일을 벌여 잘하지 못하면 안 하느니만 못 한데……. 모험하지 말자!'에서, 그간의 고민의 시간과 경험이 문제에 봉착한 여러 분들과 공감을 할 수 있고, 더욱이 음식업계, 산업계, 학계, 관계까지 네트워크가 있으니 꼭 내가 해야만 하는 것이 아니라 전문가를 소개해 드리는 것만으로도 일조할 수 있겠다는 생각이 굳어져 사업자 등록을 마쳤다. 뜻을 같이하는 분들과 위기 대응 연구를 계속하고, 상담과 컨설팅, 식품 제조 현장의 기술적 문제까지도 전문가들을 소개하고 업계에 도움이 되는 보람을 찾으려 한다.

푸드 리스크 매니지먼트
**푸드산업 종사자라면 꼭 알아야 할
식품 안전과 위기 대응**

초판 1쇄 발행　2025년 6월 18일

저 자	박성진
발행처	예미
발행인	황부현
기 획	박진희
편 집	김정연
디자인	이창욱

출판등록　2018년 5월 10일(제2018-000084호)

주 소	경기도 고양시 일산서구 강성로 256, B102호
전 화	031)917-7279　　**팩스**　031)911-5513
전자우편	yemmibooks@naver.com
홈페이지	www.yemmibooks.com

ⓒ 박성진, 2025

ISBN 979-11-92907-76-5 03320

- 책값은 뒤표지에 있습니다.
- 이 책의 저작권은 저자에게 있습니다.
- 이 책의 내용의 전부 또는 일부를 사용하려면 반드시 저자와 출판사의 서면동의가 필요합니다.